»Die gefährlichste aller Weltanschauungen ist die Weltanschauung der Leute, welche die Welt nie angeschaut haben.«

Alexander von Humboldt

turi2 edition

Schriftenreihe für Medien & Marken

Ausgabe 7, 2018, 20,- Euro

ISBN 978-3-9819155-2-5
ISSN 2366-2131

Verlag: turi2 GmbH
Ringstraße 89, 69190 Walldorf
Telefon 06227/841 304, edition@turi2.de
turi2.de/edition

Chefredakteurin
Tatjana Kerschbaumer

Art Directorin
Lea-Maria Kut

Creative Director
Uwe C. Beyer

Fotochef und Erster Fotograf
Johannes Arlt

Verleger
Peter Turi

Verlagsleiterinnen
Sarah Risch, Heike Reuther

Foto-Korrespondenten
Frank Bauer, München; Holger Talinski, Berlin;
Thies Rätzke, Hamburg

Fotografen
Sebastian Arlt, Markus Burke, Björn Czieslik,
Klaus Fengler, Anne-Nikolin Hagemann, Lea-Maria Kut,
David Maupilé, Marcel Schwickerath, Thomas Ulrich

Autoren
Anne-Nikolin Hagemann, Heike Reuther, Anne Fischer,
Tatjana Kerschbaumer, Peter Turi, Markus Trantow,
Björn Czieslik, Maria Gramsch

Gastautoren
Thomas Hartung, Johannes Klaus, Martin Kunz, Lars Nielsen,
Peter Pfänder, Tillmann Prüfer, Stephan Seiler, Barbara Schaefer

Lektorat
Anne Fischer

Video-Produktion
Jens Twiehaus, Björn Czieslik, Markus Trantow, Frank Bauer,
Markus Burke, Johannes Arlt, Sebastian Arlt, Thies Rätzke

Vertrieb und Partner
Sarah Risch, sarah.risch@turi2.de

Mediadaten: turi2.de/media
Abonnements: turi2.de/abo

Druck
Schleunungdruck, Marktheidenfeld,
schleunungdruck.de

Lithografie
Otterbach Medien, Rastatt/Hamburg, otterbach.de

Wissen Sie, warum ich so gern Chefredakteurin der „turi2 edition" bin? Weil ich dabei so viel unterwegs bin. Im Kopf, in der Zeit, aber auch in der Welt. Für diese Ausgabe haben unsere Autoren und Fotografen mehr als 15.000 Kilometer zurückgelegt. Um zwei Dutzend spannende Menschen vorzustellen und sie aus der Komfortzone zu locken, sind wir mit ihnen geflogen, gerudert, geradelt, gewandert, gegondelt und gejoggt. Wir haben dabei die Foto- und Reisebudgets gesprengt – aber ich glaube, es hat sich gelohnt. Kaum eine Branche lebt so stark von Veränderung, Bewegung und Initiative wie die Medien- und Marketingbranche. In diesem Buch wird das deutlich. Jetzt ist es an Ihnen: Genießen Sie die Reise. Rücken Sie vor bis auf LOS!

Tatjana Kerschbaumer

Inhalt

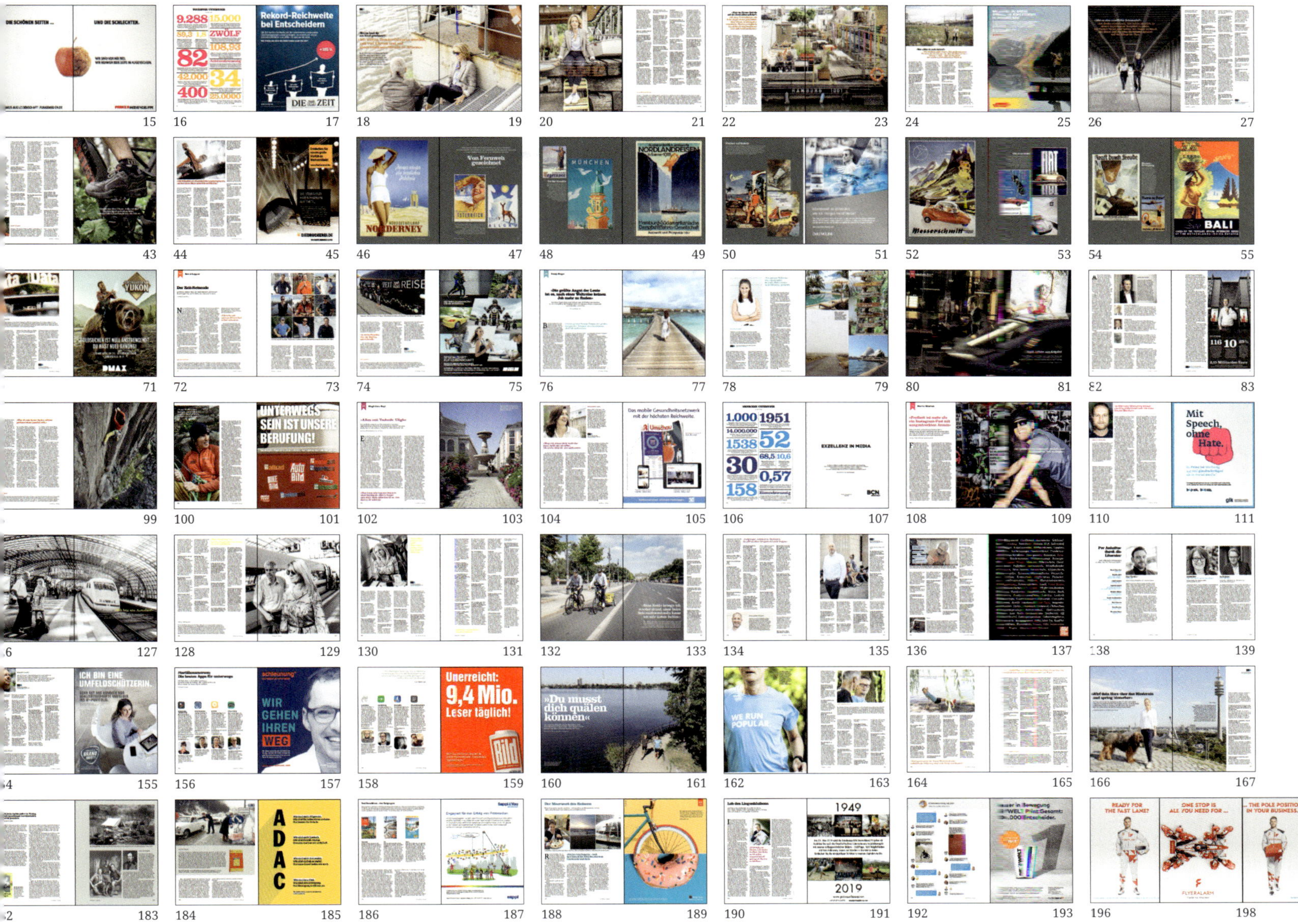

21 Unterwegs-Fragebögen

Julia Jäkel will auf ihre nächste Reise ihren Mann Uli mitnehmen, aber nicht die Kinder. Was 21 Protagonisten auf 7 Fragen über ihre Lebensreise sagen, hat turi2.tv gefilmt

turi2.tv Videofragebogen
turi2.de/edition/fragebogen

1. ***Ich stamme aus …***
2. ***Als nächstes reise ich nach …***
3. ***Ich will unbedingt noch nach …***
4. ***Im meinen Reisekoffer packe ich …***
5. ***Als Mitreisenden wünsche ich mir …***
6. ***Die prägendste Station meines Lebens war …***
7. ***Mein Lebensziel ist …***

Fotos: Johannes Arlt (4), Holger Talinski (1), Marcel Schwickerath (1)

Dorothee Bär
Seite 90

Philipp Prinzing
Seite 174

Antje Neubauer
Seite 126

Wladimir Kaminer
Seite 30

Jörg Hausendorf
Seite 160

Julia Jäkel
Seite 18

TOURISTEN UNTERWEGS

von Anne Fischer

9.288

Kilometer Bahnfahren ohne Umsteigen: das kann jeder, der mit der transsibirischen Eisenbahn in sieben Tagen von Moskau nach Wladiwostock über die längste Bahnstrecke der Welt tuckert

89,3

Millionen Touristen besuchten 2017 Frankreich, das damit das beliebteste Ferienland der Welt ist – noch vor Spanien und den USA. Reiseweltmeister sind die Chinesen

1,8

Milliarden Touristen werden im Jahr 2030 weltweit ins Ausland reisen. Seit 1950 ist die Zahl der Reisenden um das Vierzigfache gestiegen

82

Tonnen Sand verschwinden während drei Sommermonaten auf Mallorca am Platja de Palma. Er wird von Touristen an Handtüchern und in Poritzen davongetragen

42.000

Euro kostet eine Nacht in der Royal Villa im Grand Resort Lagonissi in Athen. Beim teuersten Hotel der Welt sind Privat-Koch und Pianist inklusive

400

Euro Schadenersatz bekommen Reisende, wenn sich ein Flug innerhalb der EU über eine Entfernung von mehr als 1.500 Kilometern mehr als drei Stunden verspätet. Und die Airline dafür verantwortlich ist

15.000

Interrail-Tickets verschenkt die EU-Kommission 2018 per Losverfahren an Bürger, die 18 Jahre alt sind. Sie können damit einen Monat lang in bis zu vier EU-Länder reisen

ZWÖLF

Touristen kommen in Venedig auf einen Venezianer. Anders gesagt: Jeden Tag besuchen 60.000 Touristen die Stadt, in deren Centro Storico nur noch 5.000 Menschen leben

108,93

Karat hat Koh-i-Noor, einer der wertvollsten und größten Diamanten der Welt. Er ist Teil der britischen Kronjuwelen, Touristen können im Tower von London auf einem Fließband an ihm vorbeifahren

Achtundzwanzig

Prozent der deutschen Touristen machen Urlaub im eigenen Land. Rund sechs Prozent zieht es in ferne Länder, fast zwei Drittel verreisen in Mitteleuropa oder rund ums Mittelmeer

34

Jahre alt ist der Mensch, wenn seine Abenteuerlust zu sinken beginnt. Auf Reisen will er dann weniger Bungee jumpen und mehr am Pool relaxen

25.0000

Euro kostet ein Flug ins Weltall bei der Firma Virgin Galactic – voraussichtlich. Der erste Tourist im All war Multimillionär Dennis Tito, der 2011 zur ISS flog

Quellen: Deutscher ReiseVerband e.V., Europäische Union, Geo, Wasistwas, Welt, Welttourismusorganisation

Den Unterwegs-Fragebogen
beantwortet Julia Jäkel unter:
turi2.de/edition/jaekel

»Wovon hast du als Kind geträumt?«

»Ich wollte Truckerfahrerin werden, mit viel Chrom und auf einer endlosen Straße in Arizona«

Julia Jäkel hat in schwerster Krise die Führung von Gruner + Jahr übernommen und die Kultur des Zeitschriftenhauses vom Kopf auf die Füße gestellt. Ein Gespräch über das Unterwegssein im Leben

Von Peter Turi (Text) und Johannes Arlt (Fotos)

Rast vor Rost: Julia Jäkel genießt auf einem alten Anleger am Hamburger Peutehafen die Herbstsonne und den Blick auf die Norderelbe. „Das Private und das Berufliche gehen heute ineinander über“, sagt Jäkel – und gibt Einblick in ihr Seelenleben

»Wird bei Gruner + Jahr jetzt rauf und runter gedutzt?«

»Ich habe mich nicht hingestellt und gesagt: Hey, wir duzen uns jetzt alle. Wir verordnen auch niemandem Turnschuhe«

Entenwerder 1, ein cooles Café auf einem alten Anleger in Hamburg-Rothenburgsort. Der Blick geht über die Billwerder Bucht und die Norderelbe hinüber zum Peutehafen. Es riecht herb nach verbrannter Schokolade, nebenan ist eine Kaffeerösterei. Julia Jäkel hat das Café bei einem Ausflug mit ihren Kindern und ihrem Mann entdeckt. „Ich liebe die Schrabbeligkeit hier", sagt sie.

Julia, wer darf dich duzen?
Jeder, der das möchte.

Wir kennen uns seit 1998, du warst damals Trainee bei Gruner + Jahr. Hast du deinen Chef Gerd Schulte-Hillen geduzt?
Undenkbar! Das war eine andere Zeit. Menschen nahmen im Büro eine Rolle ein, man ging viel formeller miteinander um. Kleidung war auch ein Stück Verkleidung. Das ist passé. Das Private und das Berufliche gehen heute stärker ineinander über. Das macht sich auch in den Büros bemerkbar, im Umgang, im Outfit, beim Duzen. So verändert die Digitalisierung auch die Bürokultur.

Das heißt, bei Gruner + Jahr wird jetzt rauf und runter geduzt – wie bei Ikea?
Ich habe mich nicht hingestellt und gesagt: Hey, wir duzen uns jetzt alle. Das fände ich unpassend. Es gibt auch bei Gruner + Jahr Menschen, die gerne siezen, aus gegenseitigem Respekt. Und das ist vollkommen okay so. Wenn der Umgang insgesamt entspannter wird, finde ich das schön. Aber Entspannung als Ideologie – das führt sich selbst ad absurdum. Wir verordnen auch niemandem Turnschuhe.

Tickt der Nachwuchs, den du heute bei Gruner + Jahr kennenlernst, anders als du früher?
Ja, ganz anders. Mutiger, im positiven Sinne fordernder, erfrischend klar. Und die jungen Kollegen können ja auch selbstbewusst ins Berufsleben starten: Sie sind die Digital Natives, sie spüren und fühlen den digitalen Wandel. Damit bringen sie schon am ersten Tag etwas mit, das sich Ältere erst erarbeiten. Früher kam man als kleines Licht in ein Haus voller Erfahrung und Wissen. Heute hilft altes Wissen nur noch bedingt weiter, das Neue ist ebenso spannend.

Ist der Job an der Spitze von Gruner + Jahr eigentlich das, wovon du als Kind geträumt hast?
Davon kann man nicht träumen. Da jetzt gerade meine eigenen Kinder eingeschult wurden, habe ich mich noch einmal an meinen großen Traum als Erstklässlerin erinnert: Ich wollte Truckerfahrerin werden, mit viel Chrom und auf einer endlosen Straße in Arizona.

Warum wurdest du als Arzttochter aus Wiesbaden nicht Ärztin in Wiesbaden?
Beide Eltern und auch meine Großeltern waren Ärzte. Ich wollte aber einfach nicht dasselbe machen wie die anderen bei uns in der Familie. Heute denke ich manchmal: Was für ein befriedigender Beruf, jedenfalls so, wie ihn meine Eltern ausgeübt haben.

Wie denn?
Als niedergelassene Ärzte in einer überschaubaren Gemeinde, in der man sich ganzheitlich um den Menschen kümmern konnte.

Warum hat der Plan mit dem Truck in Arizona nicht geklappt?
Tja, warum werden die meisten Jungs am Ende doch nicht Feuerwehrmann? Vermutlich, weil die Welt so viele Möglichkeiten bietet. Später wollte ich dann Diplomatin werden, ich malte mir ein aufregendes politisches Leben aus, ordentlich romantisch verklärt.

Bist du als Chefin von Gruner + Jahr nicht auch Diplomatin?
Eher selten. Klarheit und Lust an der Entscheidung sind heute, im großen Medienwandel, wichtiger als immer nur der Ausgleich.

Du hast Politik, Geschichte und VWL in Heidelberg und Harvard studiert, hast deinen Master in International Relations in Cambridge gemacht. Warum bist du dann doch nicht Diplomatin geworden?
In Harvard und Cambridge war ich umgeben von Menschen, die wilde Fächer studierten wie Theologie oder Musikwissenschaften – und dann plötzlich im Investmentbanking oder bei einer Unternehmensberatung landeten. Das fand ich aufregend.

Geisteswissenschaftler in die Wirtschaft!
Ja, trau dich, etwas anzupacken, für das dein Lebenslauf dich nicht prädestiniert! Bertelsmann bot mir die Chance, das Unternehmerische und das Inhaltliche miteinander zu verbinden. Und Gruner + Jahr begeisterte mich vom ersten Tag an mit seiner Vielfalt, Eleganz und dem publizistischen Wollen. Hier konnte ich, zum Beispiel in den ersten Jahren bei der „Financial Times Deutschland", an der Schnittstelle von Redaktion und Verlag arbeiten und mich entwickeln. Es ist für mich ein großes Glück, diesen Verlag heute leiten zu dürfen. Ich liebe die breite Themenvielfalt des Hauses – und dass es um Inhalt und um Geschäft geht.

Du warst diejenige, die das Aus der „FTD" durchgesetzt und exekutiert hat – eine Entscheidung, um die sich deine männlichen Vorgänger gedrückt haben.
Nein, das stimmt nicht. Die „FTD" war eine großartige Zeitung, sie hat den Wirtschaftsjournalismus in diesem Land belebt. Wenn sich aber nach Jahren nicht genug Leser und Anzeigenkunden finden, geht es irgendwann nicht weiter.

Werden Frauen an die Spitze geholt, wenn die Männer nicht mehr weiterwissen?
Nein, das Leben ist nicht so schlicht.

Du sagst, du willst das Wirtschaftliche und das Inhaltliche zusammen denken. Früher lebten Redaktion und Verlag in zwei getrennten Welten.
Es gab bei Gruner + Jahr auch früher schon Führungspersönlichkeiten, die sowohl die Redaktion als auch das Verlegerische verantwortet ▸

JULIA JÄKEL-WICKERT

wird am 13. November 1971 in Mainz geboren und trägt ihren Doppelnamen seit ihrer Heirat mit TV-Moderator und Buchautor Ulrich Wickert, 75. Die Arzttochter studiert Politikwissenschaft, Geschichte und Volkswirtschaft in Heidelberg, Harvard und Cambridge, kommt 1998 zu Gruner + Jahr. Seit 2013 steht Jäkel an der Spitze des Zeitschriftenhauses, das seit Jahren mit rückläufigen Umsätzen kämpft und das sie deshalb auf schlanke Produktion trimmt. Verlustbringer wie die „Financial Times Deutschland" und „Neon" stellt Jäkel ein, mit digitalen Konzepten und neuen Titeln wie „Barbara", „Flow" und „Walden" greift sie an. Dabei setzen sie und ihre Vorstandskollegen Stephan Schäfer (Inhalt) und Oliver Radtke (Finanzen) auf eine agile und kreative Unternehmenskultur. Jäkel ist seit 2012 Mutter von Zwillingen, einem Jungen und einem Mädchen

»Aber im Herzen bist du auf der Journalisten-Seite?«

»Ich mag Journalisten, ich habe sogar einen geheiratet. Aber Ethos, Sendungsbewusstsein, Haltung empfinde ich nicht als Gegensatz zur Lust aufs Geldverdienen«

haben, Anne Volk etwa bei der „Brigitte". Publizistik und Ökonomie zusammenzudenken, bringt uns heute vor allem Dynamik, Schnelligkeit, mehr unternehmerisches Handeln. Dabei ist trotzdem glasklar, wo die Trennlinie verläuft. Das Gegeneinander von Redaktion und Verlag finde ich altmodisch. Es gibt eine klare Aufgabenverteilung, aber ein Ziel: die Marke erfolgreich in die Zukunft zu führen.

Was ist out?
Verwalten. Jour-fixen. CC-en. Kontrollieren. Wir müssen Neues finden, dazu braucht es Kreativität, Lust auf Unbekanntes, Aufbruchsgeist. Und Menschen mit ganzheitlichem Verständnis, mit einem Gefühl für Leser und Märkte.

Nach meiner Beobachtung gibt es bei Medienunternehmen zwei Typen von Menschen: Die einen lieben Excel mit seinen Tabellen, die anderen lieben Word und hassen Excel. Wo stehst du?
Ich bin der Word-Typ. Aber ich mag auch Zahlen, besonders dann, wenn sie Ausdruck von etwas Geleistetem sind.

Aber im Herzen bist du auf der Journalisten-Seite?
Ich mag Journalisten, ich habe sogar einen geheiratet. Aber Ethos, Sendungsbewusstsein, Haltung empfinde ich nicht als Gegensatz zur Lust aufs Geldverdienen. Man muss nicht nur auf einer Seite stehen.

Die Situation für das Zeitschriftenhaus Gruner + Jahr ist in den letzten Jahren nicht besser geworden. Der Trend geht ins Digitale, euer Stammgeschäft bröckelt. Das Leben ist bei Gruner + Jahr eben kein langer, ruhiger Fluss mehr.
Klarer Widerspruch: Die Situation für Gruner + Jahr ist in den vergangenen Jahren deutlich besser geworden. Wir haben mit Deutschland und Frankreich die Märkte festgelegt, auf denen wir als Verlag aktiv sein wollen – auf beiden sind wir führend. Wir haben unser Digitalgeschäft extrem ausgebaut. Wir erschließen uns sehr erfolgreich neue Märkte: „Schöner Wohnen" verkauft Möbel, es gibt ein „Beef"-Restaurant, die „Brigitte"-Academy besuchen in diesem Jahr mehr als tausend kluge Frauen, die dafür zahlen. Territory ist die zweitgrößte Agentur in Deutschland.

Aber die Auflagen vieler Zeitschriften bröckeln.
Naja, die Gesellschaft und die Interessen ändern sich. Da liegen für uns große Chancen für neue Magazine. Das ist der Grund, warum wir so viele neue Magazine auf den Markt bringen, übrigens wie keiner sonst. Mit Persönlichkeitsmagazinen wie „Barbara" haben wir eine neue Gattung begründet. Gruner + Jahr wird als der innovativste Verlag wahrgenommen – genau das möchten wir sein. Der Verlag wandelt sich, er bekommt Kontur für die Zukunft. Und das alles, ▶

Bunte Bude: Das Café Entenwerder 1 im Hamburger Stadtteil Rothenburgsort hat Julia Jäkel bei einem Ausflug mit Mann und Kindern entdeckt. „Ich liebe die Schrabbeligkeit hier“, sagt sie

Gruner am Gleis: Am Lohsepark im Hamburger Oberhafen soll bis 2021 das neue Headquarter von Gruner + Jahr entstehen. Gleich daneben, schräg über dem Ericusgraben, sitzen die Kollegen vom „Spiegel“

»Was willst du noch ändern?«

»Wir bleiben nicht stehen. Wir probieren neue Formen des Arbeitens aus. Das Zielbild ist klar: Gruner + Jahr – das ist das Haus der starken publizistischen Marken«

einschließlich der hohen Investitionen, gelingt uns bei einer durchgängig sehr ordentlichen Rendite. Als Momentaufnahme finde ich das ziemlich gut. Und gleichzeitig weiß jeder bei uns: Ausruhen ist nicht.

Gut, ihr habt vielleicht die beste und coolste Bordkapelle – aber ihr spielt auf der Titanic. Zeitschriften sind ein schrumpfendes oder sogar sterbendes Geschäft.
Wir reden hier über einen Milliardenmarkt, der sich strukturell ändert, das ist klar, der aber meilenweit davon entfernt ist, sich aufzulösen. Im Gegenteil, er verträgt dauernd Neues. Junge Menschen wachsen in ihn hinein. Wir sehen etwa auf Instagram, wie sich unsere Leserinnen und Leser, viele um die 30, lustvoll auf „stern Crime“ oder „Beef“ stürzen. Ja, das Geschäft ändert sich, aber es ist höchst lebendig.

Ortswechsel. Wir fahren zweieinhalb Kilometer elbabwärts zum künftigen Verlagsstandort. Noch ist es eine Brachfläche im Oberhafen, ein bisschen eingequetscht zwischen Bahntrasse und Lohsepark. Vis-à-vis residiert der „Spiegel“, an dem Gruner + Jahr 25,5 Prozent hält. Im Jahr 2021 will Gruner + Jahr Am Hannoverschen Bahnhof 1 neu starten. Julia Jäkel schreitet das Zukunfts-Terrain ab.

Welche Rolle wird Gruner + Jahr in einer digitalisierten Welt spielen?
Eine sehr kreative. Wir sind einer der großen Ersteller und Distributeure von Inhalt, in Deutschland und in Frankreich. Unsere Websites nehmen führende Positionen in ihren Segmenten ein, „Chefkoch“ ist eine der größten Food-Communities weltweit. Prisma Media erzielt so viele Video-Views in Frankreich wie kein anderer außer Youtube. Und Inhalte werden auch in Zukunft unentbehrlich bleiben. Daneben beherrschen wir das Tech-Business, zu sehen etwa bei Applike, dem zur Zeit wohl erfolgreichsten digitalen Inhouse-Startup in Deutschland.

Was hast du bei deinem Start als Chefin 2013 bei Gruner + Jahr vorgefunden?
Ein sehr großes Büro.

Was hast du geändert?
Viel. Ich hatte das Glück, mir mein Führungsteam zusammenstellen zu können. Mit Oliver und Stephan begleiten mich in der Geschäftsführung zwei Kollegen, die Innovation und Kreativität verkörpern. Wir haben außerdem vielen Kolleginnen und Kollegen aus dem Haus mehr Verantwortung gegeben, und das Schöne ist: Praktisch niemand hat uns enttäuscht. Die Kultur des Hauses hat sich verändert. Wir haben Dutzende neue Produkte und Geschäfte angefangen. Es ist viel los bei Gruner + Jahr.

Was willst du noch ändern?
Wir bleiben nicht stehen. Wir probieren neue Formen des Arbeitens aus. Wir haben viele weitere Geschäftsideen. Und 2021 ziehen wir hier her, an den Lohsepark in der Hafencity. Das wird den immensen Wandel des Verlags auch nach außen hin noch mehr verdeutlichen. Das Zielbild ist klar: Gruner + Jahr – das ist das Haus der starken publizistischen Marken.

Wie schwer ist es, sich selbst zu ändern? Wie wichtig?
Ich glaube, ich kenne dieselben Momente von Bequemlichkeit und von Veränderungssorgen wie jeder andere auch. Aber die Freude an dem, was wir ▶

WIR LIEFERN DIE EINZIGE SPRACHE, DIE JEDER VERSTEHT, IN DIE GANZE WELT.
Für den weltgrößten Online-Musikhändler Thomann liefern wir jeden Tag mehrere Tausend Instrumente an Musikliebhaber in über 120 Ländern der Welt. So helfen wir Thomann, seine Leidenschaft für die universelle Sprache der Musik mit anderen zu teilen. Wie bei diesem Trompeter.
Das ist die Stärke des globalen Handels. Und DHL macht ihn möglich.
globaltrade.dhl
DHL
EXCELLENCE. SIMPLY DELIVERED.

»Gibt es eine unerfüllte Sehnsucht?«

»Ich denke manchmal, wie schön es wäre, in einem bayerischen Bergdorf zu leben, der Bäcker backt noch selber, der Bauer verkauft die Milch und die Eier, die Kinder spielen auf der Wiese im Heu«

Im Untergeschoss der Hamburger Oberhafenbrücke, zwischen Lohsepark und Deichtorhallen, wünscht Julia Jäkel sich, dass Männer Frauen immer die Tür aufhalten werden

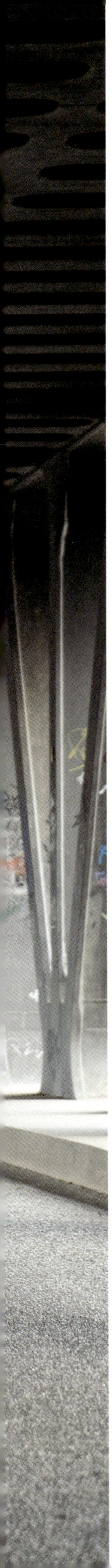

uns zutrauen, überwiegt dann immer eindeutig.

Wie bringst du Menschen dazu, sich zu ändern?
Nicht jeder und alles soll sich ändern. Es geht eher darum, die Stärke und den Mut, der doch in uns allen steckt, etwas mehr hervorzuholen. Wie das geht? Durch reden, ernstnehmen, wertschätzen, zum Ausprobieren ermutigen. Außerdem tun Chefs heute gut daran, zu begreifen, dass sie nicht alles besser wissen und können als die anderen.

Was war dein dunkelster Job-Moment?
Die Schließung der „FTD".

Julia, es gibt drei Gefühle, die ich persönlich nicht kenne. Kannst du sie mir beschreiben? Kopfschmerzen, Neid, Eifersucht.
Nein. Frag doch mal deinen Arzt oder Apotheker.

Alle deine Vorgänger bei Gruner + Jahr haben entweder bis zur Rente gearbeitet oder sind abberufen worden. Gehst du irgendwann freiwillig und vorzeitig?
Ich habe gerade erst einen neuen Fünfjahresvertrag unterschrieben.

Was könnte dich denn noch reizen? In fünf Jahren bist du ja erst 51. Irgendeinen Lebenstraum muss es doch noch geben.
Beruflich denke ich nicht in diesen Zeitspannen, wirklich nicht.

Gibt es etwas, wovor du Angst hast?
Klar, ich bin nicht frei davon. Ich weiß aber zum Glück häufig, wie ich diese Gefühle in Energie umgewandelt bekomme.

Du hast zwei Kinder, die gerade in die Schule gekommen sind – siehst du ihre Zukunft rosig?
Meine Großtante, zu der ich eine enge Beziehung hatte, war eine ausdauernde Warnerin, sie sah den Weltuntergang recht nah, durch das Waldsterben, ungebremstes Wachstum, durch Atomraketen, alles mögliche. Ich möchte da lieber Optimistin sein: Immer wenn es drauf ankam, hat die Gesellschaft Lösungen gefunden und das Schlimmste vermieden. Insofern blicke ich in eine gute Zukunft, ja.

Was willst du deinen Kindern mit auf den Weg geben?
Seid anständig. Werdet ein guter Teil der Gemeinschaft. Und werdet glücklich.

Wie viel Digitales erlaubst du ihnen?
Meine Kinder sind sechs, da fängt erst langsam der Kampf ums iPad an. Noch gewinnen die Eltern.

Wie digital bist du? Und wie analog?
Ich bin von beidem viel zu viel. Ob „New York Times" auf dem Handy, „FAS" gedruckt oder die vielen wunderbaren G+J-Magazine oder auch Bücher – ich kann mich in allen verlieren, stundenlang, wenn die Zeit dafür da ist. Und sonst manchmal auch. Ich gestehe, dass da das Handy besonders gefährlich für mich ist.

Wie schaffst du es überhaupt, Job und Familie unter einen Hut zu kriegen? Welche Rolle spielt dein Mann?
Wenn du anfängst, diese Frage immer auch allen Männern zu stellen, fange ich an, sie zu beantworten.

Wenn das Leben eine Reise wäre und du würdest von dieser Reise eine Postkarte schicken – was stünde drauf?
Ich schreibe sogar noch Postkarten und gern auch Briefe. Was ich schreibe, hängt natürlich vom Empfänger ab. An deine Leser würde ich vielleicht schreiben: „Liebe Grüße von einer sehr aufregenden Station meines Lebens, die mich fordert, mir viel Freude macht und mich mit vielen Menschen zusammenbringt, die mir wichtig sind. Drückt mir weiter die Daumen und wünscht mir alles Gute. Ich wünsche euch das auch. Julia."

Erwischst du dich manchmal bei dem Gedanken: Früher war das eine oder andere aber besser?
Ich finde das Leben im Hier und Jetzt aufregend und schön – aber ich kenne dieses Gefühl auch. Im Gestern liegt ein Stück Heimat verborgen, nach dem wir uns alle umso mehr sehnen, je schneller sich die Welt dreht.

Umarmst du den Fortschritt immer und überall?
Ich bin grundsätzlich gern bei Neuem dabei. Aber das heißt ja nicht, dass man gedankenlos sein muss. Die Digitalisierung bereichert unser Leben – und dennoch besteht Anlass zu Kritik, wenn man sich etwa die enorme Machtkonzentration bei einigen wenigen ansieht oder die negativen Einflüsse auf die Entwicklung der Demokratie. Auch wir als Verlag müssen uns stets fragen: Was ist gut, was nicht?

Was ist nicht so gut an der Art, wie sich unsere Gesellschaft entwickelt?
Ich bin gerade mal wieder mit dem Fahrrad ins Büro gefahren und habe gedacht: Mein Gott, warum seid ihr oft so aggressiv? Da trommelt eine Radfahrerin dem Taxi aufs Dach, nur weil das in die Nähe eines Radweges geraten ist. In die Nähe! Eine Vereinzelung in dieser Gesellschaft ist nicht nur da zu besichtigen: Auf dem S-Bahnsteig sitzen junge Leute nebeneinander auf der Bank, schauen in ihr Handy und kriegen gar nicht mehr mit, ob ihnen da vielleicht gerade ein guter Typ begegnet. Da haben wir früher an der Bushaltestelle doch viel genauer hingesehen.

Hast du eine Erklärung dafür, dass die Menschen immer ichbezogener werden?
Das haben klügere Menschen als ich treffend beschrieben. Der Soziologe Andreas Reckwitz spricht von der Gesellschaft der Singularitäten, in der jeder nach Einzigartigkeit strebt und dabei auf Selbstinszenierung und Selbstoptimierung setzt. Leider verliert der Ich-Mensch, wenn er nicht aufpasst, schnell den Blick für den Menschen nebenan.

Sind deine Träume in Erfüllung gegangen?
Also, wenn ich jetzt anfangen würde, mich zu beklagen, wäre das ja wohl absurd.

Gibt es eine unerfüllte Sehnsucht?
Ja, aber ob ich mir diese Sehnsucht jemals erfüllen werde, weiß ich nicht. Ich denke manchmal, wie schön es wäre, in einem bayerischen Bergdorf zu leben, der Bäcker backt noch selber, der Bauer verkauft die Milch und die Eier, die Kinder spielen auf der Wiese im Heu. Ein kitschiger Traum, aber es gibt diese Orte, nicht nur in den Bergen. Ich stelle mir die Menschen dort als glückliche Menschen vor.

Wie traurig macht es dich, dass vermutlich die Hälfte deines Lebens schon rum ist?
Gar nicht. Es ist gut, dass wir nicht wissen, wie lange wir noch haben.

Was sollte sich niemals ändern?
Dass die Sonne aufgeht. Dass Männer Frauen die Tür aufhalten. Dass Menschen Zeitungen und Zeitschriften lesen, weil sie wissen wollen, was los ist. Dass Interviews eine letzte Frage haben. ■

turi2.tv

Julia Jäkel live auf der Bühne mit Peter Turi beim Landau-Mediatalk: turi2.de/edition/jaekellive

»Verehrte Fahrgäste...

oder: Die besten Bahndurchsagen, die Passagiere aufgeschnappt haben

... die Weiterfahrt verzögert sich dank eines verspäteten Zuges. Ich will niemanden angucken, aber rechts von uns steht er.«

... bestimmen Sie selbst die Abfahrtszeit unseres Zuges, indem Sie es sich im Türbereich bequem machen!«

... ich war von dieser überschwänglichen Ansage so fasziniert, dass ich leider vergessen habe, einen wichtigen Knopf zu drücken. Ich bitte Sie, diesen kurzen unplanmäßigen Halt zu entschuldigen.«

... in wenigen Minuten erreichen wir Köln. Alle Jecken steigen aus, die normalen Fahrgäste bleiben sitzen!«

... heute sind wir mal zu früh in Berlin. Damit sind die Kollegen überfordert, es ist kein Bahnsteig für uns frei. Aber selbst, wenn wir noch fünf Minuten warten müssen, sind wir immer noch fünf Minuten zu früh. Behalten Sie diesen Tag im Gedächtnis.«

... da in Bad Hersfeld keiner zugestiegen ist, begrüße ich erneut unsere dagebliebenen Mitreisenden im Zug nach Leipzig.«

... wir haben soeben Stuttgart Hauptbahnhof mit einer Verspätung von sieben Minuten verlassen. Grund dafür war das Warten auf... mich.«

... ich würde Ihnen gerne einen richtig guten Grund nennen wie etwa, dass ein UFO vor uns auf dem Gleis gelandet ist. Aber die Wahrheit ist ganz profan: eine Gleisbelegung.«

... wir stehen vor einem roten Signal, weil der Abschnitt vor uns mit unserem Vorzug besetzt ist. Davor steht der Vorzug unseres Vorzuges. Wie Sie sehen, ist die Bahn ein System mit vielen Vorzügen. Heute ist es besonders vorzüglich.«

... wir erreichen Altona mit einer Verspätung von 2,5 Minuten. Ach, sagen wir 3, was soll der Geiz?«

... bitte vergessen Sie nicht, Ihre Wertgegenstände liegen zu lassen! Ich suche noch ein neues Handy und einen E-Book-Reader.«

... heute fahren wir ohne Fahrbegleiter, das heißt: Die ganzen Schwarzfahrer auf dem Klo können aufatmen.«

... so, alle Türblockierer jetzt mal Handy raus und „Lichtschranke" googlen!«

... die schlechte Nachricht: wir sind elf Minuten zu spät. Die gute: Ihre Anschlusszüge haben noch mehr Verspätung.«

... wir werden der vorausfahrenden S3 unauffällig folgen, um unsere erhebliche Verspätung weiter auszubauen.«

... for Anschluss-Connections please listen to the Lautsprecherdurchsagen!«

... HSV-Fans haben ohne Ticket in der ersten Klasse nichts zu suchen. Euer Tabellenstand ist schließlich auch nicht erstklassig.«

... beide Zugteile haben sich auf eine einvernehmliche Scheidung in Hamm verständigt. Das Paar hat keine Kinder.«

... dies ist ein IC. Nahverkehrs-Fahrscheine, Kinokarten und Angelscheine haben bei uns keine Gültigkeit!«

... ich bitte für die 55 Minuten Verspätung um Entschuldigung. Alle Gründe aufzuzählen, würde nochmal 55 Minuten dauern.«

... der Zug ist pünktlich. Wenn Sie möchten, öffne ich die Türen mit 5 Minuten Verspätung, um unseren Ruf nicht zu beschädigen.«

... heute bekommen Sie für Ihr Geld 20 Minuten mehr Fahrzeit geboten.«

... Ihren Frust darüber, dass der Zug in Oldenburg endet, dürfen Sie nun gerne bei meinem Kollegen auslassen, der gleich kommt.«

... und hier noch ein kleiner Life-Hack für Sie: Vor dem Zwiebelschneiden ein Bier trinken. Hilft zwar nicht, aber schmeckt gut.«

... es läuft heute sprachlich bei mir nicht so. Wenn jemand die Ansagen übernehmen möchte: Wagen 27.«

... am Bahnsteig finden Bauarbeiten statt. Passen Sie auf, dass Sie beim Aussteigen nicht angebaggert werden!«

... Vielen Dank für Ihre Reise mit der Deutschen Bahn. Ich freue mich, dass Sie und ich es heute endlich geschafft haben. Puh, ich brauche jetzt erst mal ne kalte Dusche und ne kalte Cola.«

Quellen: https://twitter.com/bahnansagen

CHOUPETTE HEIRATEN.
DIESER HUND WIRD DEMNÄCHST
PARIS HILTON ANPINKELN.
AN KAVIAR ERST CKEN.
TALKSHOW-HOST.
WELT
Foto: © @itsdougthepug

Als ich in Vellmar Wladimir Kaminer die Wurst vom Brot zog

Wladimir Kaminer hat überall Freunde, egal, wohin er kommt. 150 Lesereisen und mehr unternimmt der Schriftsteller im Jahr – am liebsten in die Provinz. turi2 hat ihn bei seiner harten Arbeit an der Heiterkeit begleitet

Von Tatjana Kerschbaumer (Text) und Johannes Arlt (Fotos)

In Vellmar spricht man das V hart. Das lerne ich als Erstes, als ich die 19.000-Einwohner-Stadt im Landkreis Kassel besuche. „Es heißt Fellmar, nicht Wellmar!" Darauf legen sie hier Wert, genauso wie auf die Tatsache, dass man zum Ebbelwoi keine besondere Bindung hat. Vellmar mit hartem V liegt in Nordhessen, hallo – ihren Ebbelwoi aus dem Bembel sollen die Frankfurter mal schön selber saufen.

Was gibt es über Vellmar noch zu sagen? Es ist unterteilt in die Ortsteile Obervellmar und Niedervellmar, in Vellmar-West und Frommershausen. Vellmar hat ein Hallenbad, das nachts hübsch beleuchtet ist, gepflegte Häuser mit hohen Giebeln, in denen es sich vermutlich gut leben lässt, ein paar Restaurants, die in Vellmar genau so heißen, wie überall auf der Welt sonst auch: Rialto – italienisch, Taj Mahal – indisch, Gasthaus Henze – gutbürgerlich, deutsch.

Und Vellmar hat seinen „Sommer im Park". Ein Kulturfestival, am städtischen Ahnepark gelegen, mit weißem, tipi-ähnlichem Festzelt, das innen mit Sitzen bestuhlt ist, die ein bisschen an eine Sportveranstaltung erinnern. Das Programm ist richtig gut, seit Jahren: Georg Ringsgwandl, das Herbert Pixner Projekt, Django Asül, Bernd Stelter – alle waren schon da oder kommen vorbei, nach Vellmar mit hartem V. Nur Hape Kerkeling hat sich mal geweigert, aber naja, der ist eigentlich auch raus aus dem Geschäft. Kein aktuelles Bühnenprogramm und so.

Heute kommt Wladimir Kaminer. Kaminer, der russisch-deutsche Autor, der den Deutschen spätestens mit seinem ersten und bekanntesten Buch „Russendisko" die Seele des Ostblocks charmant näher gebracht hat. Kaminer hat das letzte Mal 2013 in Vellmar gelesen, fünf Jahre ist das her, und nach seinem Auftritt damals floss angeblich jede Menge Grappa. Nach Schnaps steht Kaminer aber nicht der Sinn, als er mit dem ICE aus Berlin in Kassel einrauscht. Der Zug hat über eine Stunde Verspätung, es ist kurz nach 19 Uhr, um 20 Uhr beginnt die Lesung. Ob er es vorher noch ins Hotel schafft? Einen Versuch ist es wert. Dabei hat er eh nur eine kleine Tasche dabei, ein dramatisches Bühnenoutfit kann sich darin nicht verstecken. Im Stechschritt geht es zum Empfang, „Hallo, mein Name ist Kaminer, für mich ist ein Zimmer reserviert" – und bitte, bitte, ein Taxi muss her, schnell. Mit dem Taxi fährt man von Kassel nach Vellmar etwa 20 Minuten, die Straßenbahn dauert länger, zu lange jetzt.

Fünf Minuten später taucht Kaminer wieder auf, in denselben Klamotten, die er schon im Zug getragen hat: Weißes T-Shirt, graue Hose mit etwas kurzen Beinen, intensiv nach Duftwässerchen riechend. Wer mit Worten überzeugt, braucht kein Elvis-Kostüm. Eigentlich komme er gerade aus dem Urlaub in Kroatien; ist gestern in Berlin, seiner Wahlheimat, gelandet; viel zu lang seien die Ferien diesmal gewesen, viel zu viel Sauferei. Das ging schon vor Kroatien los, in Brandenburg, ein bisschen Wein verkosten, schwimmen, in der Datsche sitzen, aber es war ja Fußball-WM, da liegt das kulturelle Leben sowieso brach, da kann man auch ▶

Vellmar ist unterteilt in Obervellmar und Niedervellmar, Vellmar-West und Frommershausen

Vorhang auf: *Wladimir Kaminer kurz vor seiner Lesung in Vellmar.*
Der Autor von „Russendisko“ versieht seine Arbeit mit preußischer Pünktlichkeit

Bitte in Schönschrift: *Ein Autogrammjäger lässt Kaminer zwei Dutzend Fotos signieren. Vermutlich wird er sie später verkaufen*

Der Taxifahrer erkennt Wladimir Kaminer nicht. Aber gut zu wissen, dass heute in Vellmar was los ist

nach Brandenburg. Die Speisekarte des kroatischen Restaurants, in dem er angeblich ganze drei Wochen zugebracht hat, könne er jetzt auswendig, sagt Kaminer. Dafür ist er ziemlich braun geworden, er schaut mich erwartungsvoll an: „Sieht man, oder?“

Der Taxifahrer fährt gemächlich durch leuchtend gelbe Felder und grüne Wiesen. Kaminer kennt er nicht, aber gut zu wissen, dass heute in Vellmar was los ist. Wann ist die Lesung zu Ende, 22 Uhr, halb elf? Super, dann schaut er später noch einmal vorbei, vielleicht kann er ein paar autolose Besucher auf dem Heimweg aufgabeln. Die Wege auf dem Land sind ja nicht immer die nächsten.

Ob Kaminer nervös ist? „Ja, schon ein bisschen“, sagt er – wirkt aber nicht so. Immerhin liest er auf 150 bis 200 Veranstaltungen im Jahr – und füllt auch deutlich größere Säle als das überschaubare Vellmarer Tipi. „Aber ich bin immer gern ein bisschen früher da, zum signieren“, sagt er. Damit wird es vor dem Auftritt wohl nichts mehr, in einer Viertelstunde soll er auf der Bühne stehen. Ach was, als Künstler muss man doch nicht punktum da sein. Denke ich laut. „Nicht gut“, sagt Kaminer und ist plötzlich sehr ernst. Pünktlich sollte man schon sein, künstlerische Freiheit hin oder her.

Raus aus dem Taxi, rein in den ersten Autogrammjäger. Kaminer signiert und signiert, keine Bücher, sondern Hochglanzfotos von sich selbst: Kaminer nachdenklich auf den Ellenbogen gestützt, Kaminer im Anzug, Kaminer in etwas jüngerer Ausgabe. Der schlaksige, junge Unterschriften-Bettler mit zottigem, blondem Haar hat ein ganzes Arsenal Bilder im Anschlag. „Auf dem hier bitte ‚Für Tim‘“, weist er Kaminer an, beim letzten von locker 20 Stück. Es geht so schnell, so routiniert, dass ich Kaminer fast warnen möchte: Nicht, dass er im Eifer des Gefechts seinen Servus unter einen hundsgemeinen Mietvertrag ohne juristisches Schlupfloch haut. Dann ist die Foto-Orgie vorbei, „eigentlich mag ich die nicht“, brummelt Kaminer über die Autogrammjäger-Spezies. „Die lesen ja nicht.“ Sie sind auch keine großen Kaminer-Fans, Bernd-Stelter-Fans oder Django-Asül-Fans. Trotzdem passen sie die Kabarettisten, die Musiker, die Autoren vor dem Zelt ab. Und machen die Autogramme später zu Geld.

Jetzt, endlich, geht es zwischen einem Absperrzaun hinter die Bühne. Der Organisatorin des Festivals, Pia Bluhm, fällt ein Bergmassiv vom Herzen, als sie „Wladimir“ sieht. Man habe im Hotel angerufen, mehrmals, ob er denn auch angekommen sei – und nichts erfahren. Kaminers Handynummer hat Bluhm nicht, die rückt der Autor äußerst ungern raus. Also hieß es warten und hoffen. Gläschen Wasser? Kaminer lacht und trinkt, immerhin sieht es so aus, als könnte in dem kleinen Glas standesgemäßer Wodka sein, über den er so oft geschrieben hat. Ob es die Wurst noch gebe, die er vor fünf Jahren hier mal gegessen habe? Die hat ihm gut geschmeckt, wäre ein guter Snack für die Pause. Bluhm verspricht, sie ihm zu organisieren, ein Koch bereitet in einem kleinen Zelt nebenan die Speisen für Künstler und Backstage-Team zu. Kaminer hat nichts mehr gegessen, seit er aus Berlin los ist, ein Käsebrot, das war‘s dann auch. Hilft nichts, jetzt muss er halt hungrig auftreten. ▸

WLADIMIR KAMINER

wird 1967 in Moskau geboren und lebt seit 1990 in Berlin. Er ist ausgebildeter Toningenieur für Theater und Rundfunk und studierter Dramaturg. Während seines Studiums organisiert er Parties und Konzerte in der Moskauer Rockszene, sein bekanntestes Buch ist das 2000 publizierte „Russendisko“. Insgesamt haben seine Bücher und Hörbücher eine Auflage von 3,7 Millionen Exemplaren; sein aktuelles Werk „Die Kreuzfahrer“ ist im August 2018 erschienen.

Weißt du noch, vor fünf Jahren, der Grappa? Kaminer hält sich diesmal lieber an Apfelschorle

Etwa 300 Gäste sind gekommen, um Kaminer lesen zu hören. Die teuersten Karten kosten 24 Euro

Applaus brandet auf, als Kaminer die Bühne betritt. Etwa 300 Gäste sind gekommen, um ihn sprechen und lesen zu hören; die meisten von ihnen sind 50 bis 60 plus, aber auch ein paar Junge haben sich zu seinem Auftritt verirrt. Die teuersten Karten ganz vorne, nah am Star, kosten 24 Euro, ein bisschen weiter hinten wird es billiger. Es rechnet sich trotzdem: Hier in Vellmar macht Kaminer mit dem Veranstalter 50/50, um die 3.000 Euro sollten also schon hängen bleiben. Lesungen wie diese sind für Autoren überlebenswichtig – nicht nur, weil die Leser „ihren" Schriftsteller endlich mal zum Anfassen bekommen und dann motiviert seine Bücher kaufen. Sondern auch finanziell. Von Büchern allein kann kaum einer leben, auch Kaminer nur bedingt. Sagt er selbst.

Und Kaminer gibt den Kaminer. Den Russen mit schwerem Akzent, dem egal wo, egal wie immer irgendwelche komischen Geschichten passieren. In Vellmar, verkündet er stolz, ist heute Premiere: Sein mittlerweile 25. Buch, „Die Kreuzfahrer", hält er druckfrisch zum ersten Mal in den Händen. Aus dem gibt er jetzt einige Stories zum Besten, wenn nur die verflixte Schrift nicht so klein wäre! „Ich weiß nicht, was mit diesem Verlag los ist, bei jedem Buch wird die Schrift kleiner", brummelt er ins Mikro. Das Publikum johlt, herrlich, Kaminer wie er leibt und lebt. Aber er ist ja Profi, er hat alles ausgedruckt auf DIN-A4-Papier dabei. Also los.

„Die Kreuzfahrer" hat Kaminer geschrieben, nachdem er mit seiner Frau – wer hätte es gedacht – auf einem Kreuzfahrtschiff unterwegs war, das ihn für sein Kulturprogramm gebucht hatte. Kaminer las dort, las immer wieder, erzählte und erzählte, eigentlich den ganzen Tag, denn auf einem Kreuzfahrtschiff gehen die Gäste nie nach Hause, sondern höchstens in die Koje. Egal wo Kaminer war, an der Bar, im Speisesaal, auf dem Gang, es gab kein Entkommen. So steigt er ein, und liest dann, wie er in Griechenland Landgang hatte, überall werde er mit seiner Frau als russisch erkannt, sogar wenn er nicht spricht, der Akzent ihn nicht verrät. Ob er interessiert an Pelzprodukten wäre? Die Russen lieben Pelzprodukte, das weiß doch alle Welt, das weiß ganz Griechenland. Die Geschichten sind witzig, ein sehr eigener Blick auf die Welt. Ich lache, das Publikum lacht noch mehr, vereinzelte Begeisterungs-Pfiffe, dieser Kaminer, ein Wahnsinnstyp. Pause.

In der Pause wird es wieder nichts mit Essen, Kaminer muss jetzt signieren. Bücher, keine Fotos. Die lokale Buchhandlung hat einen kleinen Tisch aufgebaut, „Die Kreuzfahrer" liegen aus, auch ältere seiner Werke, stapelweise. Bundfaltenhosen, Steppwesten und Blümchenröcke drängeln sich um den Autor. Kleinstadt-Publikum ist treues Publikum: Wenn von 300 Gästen an diesem Abend zehn kein Buch kaufen, ist das noch hoch geschätzt. Nur wenige holen sich erst einmal etwas zu essen; sie werden sich später für die Unterschrift anstellen, wenn der Andrang etwas abgeflaut ist. Kaminer bittet um eine Apfelschorle, schreibt wieder und wieder seinen Namen in Aufklapper. Die bestellte Wurst wird gebracht, eine Bratwurst mit Brötchen, Senf und Ketchup, aber er hat keine Zeit dafür. ▶

200 Lesungen im Jahr: Nicht jeder, den Kaminer trifft, ist sein Freund. Aber fast jeder will es sein

Weil sie sonst keiner will, esse ich die Wurst und denke kurz, dass ich jetzt auch eine ganz gute Geschichte zu erzählen habe. Titel: „Als ich in Vellmar Wladimir Kaminer die Wurst vom Brot zog.“

Ein Gong, bitte wieder Platz zu nehmen, es geht weiter! Noch einmal lesen, noch mehr Anekdoten, mehr Applaus, ein kleines Zusatz-Geschichtchen am Ende, Begeisterung, Feierabend. Die Zuhörer eilen zum Parkplatz vor dem Zelt, alle sind mit Autos gekommen, jetzt will jeder der Erste am Zündschloss sein. Ob der Taxifahrer da noch Geschäft macht? Kaminer, auf der Bühne gerade noch bestens gelaunt und Humor versprühend, schlüpft seltsam einsilbig durch den Vorhang nach hinten. Ihm ist nicht groß nach reden, nach zwei Stunden Lesen, Späßchen machen, Sich-Selbst-Inszenieren. Es gibt jetzt doch noch eine Wurst für ihn, genau genommen sind es sogar zwei, halleluja! Er isst sie in einem ausgebauten, holzvertäfelten Bauwagen, der für die Künstler bereit steht, schweigend. Das „Sommer im Park“-Team will noch über ein paar alte Geschichten schwatzen, damals, vor fünf Jahren, der Grappa, weißt du noch, Wladimir? Kaminer nickt, tunkt seine Wurst in mittelscharfen Senf. Sagt nichts.

Ein Fahrer soll ihn zurück ins Hotel bringen. Kaminer ist zumindest heute nicht mehr groß nach freudigem Beisammensein. Er verabschiedet sich von den Veranstaltern höflich, aber bestimmt; man merkt, dass es jetzt auch mal gut ist; dass er weg will, irgendwohin, wo er die Füße hochlegen kann. Während der Fahrt telefoniert er auf Russisch, im Hotel kann ich ihn immerhin noch zu einem Drink an der Bar breitschlagen. Alkoholfreier Cocktail und Espresso, kurz vor Mitternacht. Langsam kommt die Redebereitschaft zurück, Wladimir Kaminer kann schweigen, aber so lange dann auch wieder nicht. „Das Schwierigste ist“, sagt er, „dass man, wenn man so ist wie ich, ganz viele Freunde hat.“

Die Menschen glauben ihn zu kennen, weil er in seinen Büchern so viel erzählt – über sich selbst, seine Familie, sein Russland und sein Deutschland. Aus seinen Texten kennen sie seine Frau Olga, ebenfalls gebürtige Russin, seine beiden Kinder Nicole und Sebastian, seine Schwiegermutter. Sie kennen seine Vergangenheit, seine Gegenwart, manchmal sogar ein wenig seiner Zukunft. Wer sich so öffnet, so viel von sich preisgibt, egal ob manches überspitzt ist oder nicht, wird schnell zum Freund. Denken die anderen. Kaminer selbst hat diese Menschen schon ganz gern, aber manchmal, sagt er, fällt ihm ihr Name partout nicht ein. 200 Lesungen im Jahr, nicht jeder, den du da triffst, ist dein Freund. Aber fast jeder will es sein.

Ach, es gibt Schlimmeres. Die Verrückten zum Beispiel. Manche schreiben ihm ellenlange Mails, in denen sie ihn beschuldigen, dass seine Geschichten eigentlich ihre wären; manche passen ihn vor Veranstaltungen ab und erwarten politische oder juristische Unterstützung von ihm. Er sei ja ein aufrechter Schreiber, ihm sei das moralisch am ehesten zuzutrauen. Was er dann sagt? „Nein“, Kaminer rührt in seinem alkoholfreien Cocktail und grinst. Mit so etwas muss man umgehen können, wenn man bekannt ist, so viel herumkommt, von Vellmar über Bielefeld und Berlin bis ins letzte Dorf.

War es ein guter Abend? Ja, schon, findet er. Erstens waren nur Freunde und keine Verrückten da. Zweitens: „Ich mag die kleineren Lesungen. Ich glaube, da ist das Publikum einfach konzentrierter. Wenn ich große mache, sehe ich nur die ersten Reihen und die Leute ganz hinten gar nicht.“

Kaminer kann sich jetzt austoben: Eine lange Lesetour durch Deutschland steht an, Vellmar war nur der Auftakt nach seinem Urlaub. Kaminer wird den ganzen Herbst und Winter über Kaminer geben, den lustigen Wladimir mit seinen wilden Geschichten, den alle zu kennen glauben, den alle mögen. In Graal-Müritz und Putbus in Mecklenburg, in Altenkirchen im Westerwald, in Lamspringe in Niedersachsen. Er wird manchmal pünktlich kommen und manchmal kurz vor knapp. Er wird überall herzlich willkommen sein, alte und neue Freunde werden sich freuen, ihn zu sehen. Er wird Hausfrauen, Rentnern und Studenten Autogramme geben. Er wird Applaus bekommen – und die ein oder andere Wurst. Wenn sie ihm niemand wegisst. ■

turi2.tv

Den Unterwegs-Fragebogen beantwortet Wladimir Kaminer unter: turi2.de/edition/kaminer

„Die Kreuzfahrer“, Kaminers neuestes Buch, feiert in Vellmar Lese-Premiere. „Sommer im Park“-Organisatorin Pia Bluhm lauscht der Generalprobe hinter der Bühne

Die führen was im Schilde

Achtung, freilaufende Taucher kreuzen! Eine Sammlung der kuriosesten Verkehrs- und Warnschilder, die uns unterwegs begegnen

Quelle: Instagram

»Du bestimmst, was du mit der Landschaft machst«

Jens Vögele sitzt als Chefredakteur von vier Bike-Magazinen fest im Sattel – im Gegensatz zu Tatjana Kerschbaumer. Für sie wurde die gemeinsame 8-Stunden-Tour in Südtirol zu einer blutigen Erfahrung

Von Tatjana Kerschbaumer (Text) und Frank Bauer (Fotos)

Mountainbiken in Märchenkulisse: Jens Vögele pausiert mit seinem E-Bike am Ufer des Karersees in Südtirol

turi2.tv

Den Unterwegs-Fragebogen beantwortet Jens Vögele unter: turi2.de/edition/voegele

Es ist ein leicht bewölkter, etwas regnerischer Tag in Welschnofen in Südtirol. Das Rosengartenmassiv und der Latemar liegen weit oben in den Wolken; durch den 2.000-Seelen-Ort kriechen nur wenige Autos. Jens Vögele, der sich hier vor ein paar Jahren „in einer Bierlaune" eine Ferienwohnung angelacht hat, biegt mit seinem VW-Bus auf den Parkplatz. Outdoor-Klamotten, breites Grinsen. Zum Mountainbiken ist kühles Wetter nicht das Schlechteste.

Herr Vögele – wie viele Knochen brechen wir uns heute?
Hoffentlich gar keine. Wir haben einen Testfahrer bei „Mountainbike", der hat sich wirklich schon jeden Knochen gebrochen. Aber der fährt auch Downhill-Rennen. Ich hab' mir nur mal das Fernsenbein gebrochen. Das ist aber fast 20 Jahre her.

Klingt ja total beruhigend.
Noch nie auf einem Mountainbike gesessen? Macht nichts. Wir nehmen E-Mountainbikes, das macht extrem viel Spaß.

Fünf Stunden später: Alles tut weh, das letzte Stück einer Abfahrt ist ein Trail. Enge Spur und Steilwände, die Profis wie Vögele Spaß und Amateuren wie mir Angst machen. Wird schon, sagt Vögele – und ist schon wieder drei Kurven weiter. Plötzlich verkantet sich mein Vorderreifen, ich bin viel zu schnell, der Boden kommt trotzdem in Zeitlupe näher. Keine Chance, das Bike zu kontrollieren – es ist fast so schwer wie ein kleines Mofa. Mit der linken Körperhälfte schreddere ich über Schlamm, Steine und Brombeeren. Das Rad fällt mit seinem ganzen Gewicht auf meine Beine.

Scheiße! Mich hat's über den Lenker gehauen.
Oh je, tut mir leid! Geht's? Ist was passiert?

Kurze Bestandsaufnahme: Mein Ellenbogen ist aufgeschlagen, das Blut suppt durch mein Shirt und meine Jacke. Ich spüre meine linke Hand nicht mehr, kann die Finger kaum bewegen. Zusätzlich bin ich von oben bis unten voll Dreck, sogar im Gesicht – von meinem Bike ganz zu schweigen. Vögele hat nur ein paar lässig wirkende Matschspritzer an der Hose.

Naja, immerhin nichts gebrochen, so wie's aussieht.
Nein, so schnell geht das nicht. Hey, nichts dabei denken: Das passiert jedem. Am Anfang.

Pff. Sie sind wahrscheinlich schon mit Rad geboren worden.
Nein, Quatsch. Ich habe als Jugendlicher Leichtathletik gemacht – und dann kam mal eine Phase, in der ich gar keinen Sport getrieben habe. Da waren andere Sachen wichtig. Ehrlich gesagt habe ich damals geraucht wie ein Schlot. Mit Anfang 20 habe ich aufgehört, weil ich starkes Asthma bekommen habe – und mir mein erstes Mountainbike gekauft. Von Scott, grell-gelb lackiert, das habe ich immer noch. Radfahren – egal ob Mountainbike oder Rennrad – ist einfach eine tolle Kombi: Man ist in der Natur, man kann an seine Grenzen gehen, es ist extrem kurzweilig.

Kurzweilig?
Klar. Eine Stunde Joggen finde ich echt lang. Fünf Stunden Radfahren gehen vorbei wie im Flug.

Vor allem mit einem E-Mountainbike. Es gibt Modelle, auf denen der Fahrer dank Motor-Unterstützung mit 30 Sachen den Berg hinaufdüsen kann. Um die 4.000 Euro geben Radbegeisterte im Schnitt für ein neues Gerät aus – und wer sich ein neues Bike holt, investiert in der Regel in eines mit Motor. Bergab sollte man den besser ausschalten: Sonst stürzt man, so wie ich. Bergauf befördert er sogar Unsportliche in luftige Höhen.

Das Ding fährt ja auch fast von allein.
Hab' ich doch gesagt – das macht echt Spaß. E-Mountainbikes sind so seit fünf Jahren ein Thema. Ich glaube, sie werden die Szene revolutionieren. Es werden mehr Menschen fahren, und die, die schon fahren, werden mehr unterwegs sein. Das wird auch den Tourismus verändern. Mit dem Schnee wird es ja immer schwieriger.

Vögele haut eine Bremsspur in den Schotter und deutet auf die Berghänge.

Vor einem Jahr war hier über Weihnachten alles grün. Da kommen keine Skifahrer, immer weniger Touristen. Erst recht nicht die, die spontan buchen und sich vorher die Schneeverhältnisse anschauen.

Außer sie können dann wenigstens Radfahren.
Mountainbiken wird auf jeden Fall zum Ganzjahressport. Manche Hotels hier haben schon fast 90 Prozent E-Mountainbiker als Gäste. Und in Zukunft, wenn die Motoren noch besser werden, die Akkus kleiner... Klar, E-Mobility spielt auch beim Rennrad eine Rolle, aber keine so große. Beim Rennradfahren geht es eher um die sportliche Challenge, beim Mountainbiken um den Spaß. Mit einem E-Mountainbike bestimmt nicht mehr die Landschaft, was du machst, sondern du bestimmst, was du mit der Landschaft machst.

Wollten Sie das schon immer machen – über Landschaften bestimmen? Radfahren als Sport und Beruf?
Sport und Unterwegssein liegt in meiner Natur. Aber wenn mir wer vor 20 Jahren erklärt hätte, dass ich mal Chef von mehreren Radmagazinen bin, hätte ich ihn für verrückt gehalten.

Zumindest die Kettenraucher-Zeit muss vorbei sein.
Jaja – Ende der Neunziger habe ich zum ersten Mal mit dem Rad die Alpen überquert. Ich hatte damals auch schon drei Radmagazine im Abo: „Bike", „Mountainbike" und „Tour". Und bei „Tour" von Delius Klasing habe ich mich dann beworben. Und eine Absage kassiert.

Räder – mit oder ohne Motor – sind ein Magazin-Magnet: Alleine die Motorpresse und ihr Konkurrent Delius Klasing bringen in Deutschland zusammengerechnet ▶

JENS VÖGELE

Jahrgang 1970, studiert Politik, Geschichte und Musikwissenschaft in Tübingen und volontiert bei den „Badischen Neuesten Nachrichten". Ende der Neunziger überquert er erstmals mit dem Rad die Alpen; wechselt zur Motor Presse Stuttgart. 2008 wird er Chefredakteur von „Mountainbike", zusätzlich verantwortet er „Elektrobike", „Roadbike" und „Limits"

»Es gab mal eine Phase, in der ich gar keinen Sport getrieben habe. Damals habe ich geraucht wie ein Schlot«

Federung richtig eingestellt? Jens Vögele muss es wissen – bevor er Chefredakteur bei der Motor Presse Stuttgart wurde, testete er Mountainbikes und Equipment auf Tauglichkeit

»Ich bräuchte ein Resozialisierungsprogramm, um bei einer Bank arbeiten zu können«

zehn Radzeitschriften heraus. Die älteste ist die „Tour" von Delius Klasing – ein Rennradmagazin, gegründet 1977.

Das mit der „Tour" klingt nicht so erfolgreich.
Stimmt. Aber ein halbes Jahr später war dann bei „Mountainbike" eine Stelle frei, im Ressort Test & Service. Die Bewerbung für ein Radmagazin musste ich nur aus der Schublade holen – und diesmal hat es geklappt! Also habe ich von 2003 bis 2006 Sättel, Klamotten und Pedale getestet. Alles, was an einem Rad eben dran sein sollte – oder man braucht, wenn man damit unterwegs ist.

Denn selbst das beste E-Mountainbike nützt nichts, wenn eines fehlt: Strom. Die nächste Ladestation liegt bei der Messner Hütte, 1.930 Meter hoch. Vögele tritt in die Pedale und schaltet den Power-Modus zu – es geht zackig bergauf. An der Hütte wartet nicht nur die Strom-Ladestation, sondern auch ein Brotzeitbrett mit Kaminwurzen.

Und, taugt die Ladestation was? Sie müssen es ja wissen, so als früherer Tester.
Ja, aber Testredakteur war ich nur drei Jahre. Das hat sich bei mir alles so ergeben: Anfang 2006 habe ich den ersten Piloten von „Roadbike" mitproduziert, unserem Rennrad-Magazin. Ein Jahr später bin ich Chef davon geworden, und dann kam eins zum anderen.

Genauer gesagt: 2008 kam die Chefredaktion von „Mountainbike" dazu, 2011 von „Elektrobike", 2018 die von „Limits". Magazintechnisch fahren Sie viergleisig. Nie die falsche Abzweigung genommen?
Wir hatten bei der ersten „Roadbike"-Ausgabe Jan Ullrich auf dem Titel und drei Wochen später kam das mit dem Doping raus. Das war schwierig. Aber grundsätzlich macht mir mein Job viel Freude. Bei allen vier Magazinen arbeiten kleine, eng vernetzte Teams – die wissen, was sie zu tun haben, zur Not auch mal ohne mich. Am Besten finde ich, dass die Radszene sehr entspannt ist. Alle duzen sich, tragen im Sommer Flip-Flops und kurze Hosen. Wenn es ums Business geht, ist der Umgang natürlich ernsthaft. Aber ich bräuchte ein Resozialisierungsprogramm, um bei einer Bank arbeiten zu können.

Klingt so, als hätten Sie es sich mit dem Rad gemütlich gemacht. Geht das so einfach in Zeiten, in denen Print angeblich tot ist?
Es wird schon erwartet, dass wir Chefredakteure Antworten auf die Printkrise finden. Klar, mittlerweile brauchst du uns nicht mehr zwingend, zumindest nicht gedruckt. Es geht darum, als Marke im Special-Interest-Bereich relevant zu bleiben. Und da haben wir die Pole Position – mit der Kombination aus Print, Digital und Events.

Die Printauflage von „Mountainbike" hat sich in den letzten Jahren bei rund 50.000 Exemplaren eingependelt. Aber der Leser soll mit seinem Heft nicht allein gelassen werden. Deshalb lädt die Zeitschrift regelmäßig zu „Testivals" ein, bei denen zum Beispiel neue Bikes probegefahren werden. Alles für die Pole Position.

So eine gute Position bleibt nicht unbemerkt. Wollte Sie mal jemand abwerben – nach Hamburg, Berlin?
Das ist tatsächlich nie passiert. Ich komme ja gebürtig aus Pforzheim – und plötzlich bist du 48 und wohnst immer noch da. Natürlich würde ich auch gerne mal in London oder New York leben und arbeiten, aber am Ende entscheidet das der Kontext.

Der Kontext namens Motor Presse.
Nicht nur. Mein Berufs- und Privatleben ist sehr konstant verlaufen. Aus Pforzheim fahre ich täglich mit dem Rad zur Arbeit, und ich bin gern im Schwarzwald unterwegs. Der liegt ja quasi vor der Haustür.

In all den Jahren auf dem Rad hat sich Jens Vögele kaum ernsthaft verletzt. Und ich? Meine Finger spüre ich wieder, aber ich betaste meinen Ellenbogen und bin ein bisschen neidisch. Insgesamt acht Stunden Mountainbiken heute, mehr als 1.300 Höhenmeter bergauf, bergab – und dafür auch noch lädiert.

Also, mal ehrlich: Wenn ich mir das nochmal antue – was ist denn jetzt die schönste Strecke zum Biken?
Mein schönstes Erlebnis hatte ich, als ich mit dem Mountainbike die Annapurna im Himalaya umrundet habe. Wir waren eine Vierer-Gruppe mit nepalesischem Guide. Ich war aber zum Biken auch schon auf Kuba, in Südafrika und Taiwan. Was soll ich sagen: alles toll. ■

Entdecken Sie unsere große Vielfalt an Werbeartikeln!
www.diedruckerei.de
DIE STARS FÜR IHREN MARKEN-AUFTRITT.
Wir drucken Qualität, die Ihr Publikum begeistert. Handwerk ist unsere Basis, smarte Lösungen sind unser Konzept. Wir drucken vom Flyer bis zum Plakat alles, was gute Ideen wahr werden lässt, in exzellenter Qualität und vor allem: mit Leidenschaft.
PREMIERE:
DIEDRUCKEREI.DE
DER BESTE EINDRUCK BLEIBT

Foto: Picture Alliance

Klare Linien, sehnsuchtsvolle Farben, die Welt ein Paradies: Auf historischen Reiseplakaten verschmelzen Illustration und Sehnsucht zu einer eigenen Kunstform. Eine malerische Zeitreise

Von Fernweh gezeichnet

Von Anne Fischer und Tatjana Kerschbaumer

Fotos: Münchner Stadtmuseum – Sammlung Reklamekunst

Strand und Berge *sind die Sehnsuchtsorte der Deutschen vor und nach dem Zweiten Weltkrieg. Norderney wirbt 1951 mit einem mondänen Motiv von Willy Hanke, das dieser bereits 1936 entworfen hatte; der Wiener Plakatmaler Paul Aigner will Urlauber im selben Jahr mit einem strahlenden Mädchen nach Österreich locken. Im Allgäu ist es ruhiger: Nur ein Reh beobachtet einen einsamen Skiläufer*

Vor der Haustür

***Reisen kostet damals wie heute viel Geld**, viele Deutsche bevorzugen in den späten 20er und frühen 30er Jahren das eigene Land als Urlaubsregion. Das ist wesentlich günstiger als ein Auslandsaufenthalt – sogar, wenn man vom Wallberg auf das reiche Tegernsee blickt. Nur besonders wohlhabende Bürger können sich eine Nordlandreise per Schiff leisten. Auch wenn sie als „ausserordentlich preiswert“ angepriesen wird*

Fotos: Picture Alliance, Münchner Stadtmuseum – Sammlung Reklamekunst

Plakat aus der Ausstellung „Europa und das Meer“ im Deutschen Historischen Museum in Berlin

Freiheit auf Rädern

Ganz egal, ob zwei oder vier Reifen: *Seit den 20er Jahren entwickeln sich die Deutschen zu Auto- und Motorbegeisterten. Das Magazin „Echo Continental“ der Hannoveraner Reifenfirma berichtet schon damals über spektakuläre Autorennen – obwohl die Wagen noch Seifenkisten ähneln. In den 50ern träumt die Wirtschaftswunder-Generation von einem Vespa-Trip in den sonnigen Süden. Oder von mehr Mobilität durch einen „Heinkel Tourist“*

Fotos: Picture Alliance (2), Echo Continental

Foto: Picture Alliance

Mit Auto mobil

Der Messerschmidt-Kabinenroller 200 *kostet 1955 satte 2.395 D-Mark, hat 10,2 PS unter der Haube und auf Wunsch eine Ausstattung mit Schlangenleder-Imitat. Mutti sitzt am Steuer, Papa samt Sohnemann hintendrin. VW verlässt sich unterwegs eher auf Männer – hier fährt der Hausherr noch selbst, die Frau darf die Landschaft bewundern*

Fotos: Picture Alliance (2), Daimler

Massen-Bewegung

Kraft durch Freude *versprechen die Nazis ab 1933. Auch normale Arbeiter sollen mit der Organisation eine Kreuzfahrt machen können. In Wahrheit geht es auf Schiffen wie der „Dresden“ oder der „Wilhelm Gustloff“ eher um Gleichschaltung und Überwachung. 1939 wird das KdF-Programm fast komplett eingestellt – Adolf Hitler und seine Schergen beginnen den Zweiten Weltkrieg. Für Millionen junge Männer ist die erste weite Reise ihres Lebens zugleich die letzte*

Fotos: Picture Alliance, Lufthansa

Fotos: Pan Am, Lufthansa (2), Picture Alliance

Guten Flug!

Nizza, Paris, San Francisco: *Wo darf's denn hingehen? Als Fliegen günstiger wird, steht Abenteurern und dem Schicki-Micki-Klientel endlich die Welt ganz weit offen. Die Deutschen vertrauen in Prä-Easyjet-Zeiten bevorzugt Lufthansa, in den USA ist Pan American Airways der große Player*

Foto: Picture Alliance

Ferne Welten

Exotische Südsee-Inseln und wilde Tiere *rücken nach dem Zweiten Weltkrieg vor allem für Amerikaner in greifbare Nähe. Zumindest fast: Ein Pan-Am-Flug von San Francisco nach Hawaii dauert damals 15 Stunden; das Flugzeug muss mehrmals zwischenlanden, um aufzutanken. Die Reisenden werden bei ihren Stops von einheimischen Tänzerinnen unterhalten*

Fotos: Pan Am (3)

Perfekt ausgerüstet

Nicht ohne meine Enthaarungs-Creme! *Als Reisen zum Volkssport wird, schlägt die Werbestunde von Sonnenöl und Co. Sparbücher, Herrenrasierer, Coca-Cola – es gibt fast nichts, was der Unternehmungslustige nicht gebrauchen kann*

Fotos: Picture Alliance (4)

Foto: Picture Alliance

Ferienlager und FKK

***In der DDR** werden Kinder von ihren Eltern gerne in organisierte Ferienlager gegeben – das Regime freut sich. In den 70ern schwappt die FKK-Welle über den Osten: ein Stück private Freiheit. Die Wessis sind eher befremdet als begeistert, dabei zeigen auch ihre Plakate mittlerweile viel nackte Haut. Den Jungen gefällt's, und das zählt: TUI identifiziert sie schon Anfang der 80er als wichtige Zielgruppe*

Fotos: DER Touristik, TUI, Picture Alliance

Frohe Ferientage für alle Kinder
durch die Regierung der Deutschen Demokratischen Republik
KOLLEKTIV NAUMANN · DRESDEN

DEUTSCHLAND UNTERWEGS

von Anne Fischer

26

Jahre dauerte die Reise des Deutschen Gunter Holtdorf mit „Otto", einem Mercedes G-Klasse. Seine Begleiterin und spätere Frau Christine lernte er kurz zuvor per Kontaktanzeige kennen. Gemeinsam waren sie die ersten westlichen Ausländer in Nordkorea und Kuba

9.976

öffentliche Elektroauto-Ladesäulen gibt es bisher in Deutschland. Sie sollen rund 54.000 E-Autos versorgen

Zweitausendvierhundert

Euro geben die Deutschen durchschnittlich für ihren Sommerurlaub aus

1989

war das Jahr des **„Wendesommers"**: Tausende DDR-Bürger nutzten ihren Ungarn-Urlaub, um in den Westen zu flüchten. Drei Monate später fiel die Mauer

3

Milliarden Pakete und mehr werden pro Jahr in Deutschland verschickt – Tendenz steigend

53

ist die **Schuhgröße** von Michael Essing, der Deutschland in 100 Tagen durchquerte. Allerdings barfuß

22.366

Menschen pendeln täglich nach Unterföhring, eine Gemeinde mit rund 12.000 Einwohnern. Bundesweit einsame Spitze

Ein Viertel

mehr Männer als Frauen zwischen 18 bis 29 Jahren leben in vielen ostdeutschen, ländlichen Regionen. Junge Frauen ziehen in die Städte, dort gibt es bessere Arbeitsplätze

2,9

Millionen Deutsche arbeiten in der Tourismusbranche. Das entspricht sieben Prozent aller Arbeitsplätze

1927

bricht die 26-jährige Industriellen-Tochter Clärenore Stinnes auf, um als erster Mensch im Auto die Erde zu umrunden. Ihre Tour dauert 25 Monate – dabei hat Stinnes drei Revolver und 128 hartgekochte Eier

2.000

Pferde, 150 Zootiere und 15.000 Hunde und Katzen befördert Lufthansa Cargo jährlich. Auf lebende Tiere ist das Unternehmen ebenso eingestellt wie auf Kühl- und Luxusprodukte

32.000

Coffee-to-go-Becher werden pro Stunde in Deutschland verbraucht. Allein in Berlin sind es täglich rund 460.000 Stück

365

Tage und mehr verbringt der Durchschnittsdeutsche in seinem gesamten Arbeitsleben mit Pendeln

18,5

Milliarden Euro hat TUI 2017 umgesetzt. Der Reiseveranstalter ist damit der umsatzstärkste Deutschlands, gefolgt von Thomas Cook und DER Touristik

50.300

Deutsche nutzten 2017 eine BahnCard100, darunter auch turi2.de-Chefredakteur Markus Trantow. In der 2. Klasse kostete die Schienen-Flatrate 4.270 Euro im Jahr

Quellen: Bundesinstitut für Bevölkerungsforschung, Deutscher ReiseVerband e.V., Deutsche Umwelthilfe, Geo, Lufthansa Cargo, Rekord Institut, Spiegel, Statistisches Bundesamt, Unternehmensberatung A.T. Kearney

Foto: Lea-Marie Kur

13 Reisende, die niemand aufhalten kann

Unterwegs zu Hause: Wir haben 13 Medien- und Markenmacher besucht, deren Leben die Bewegung ist

1 **Martina Koederitz,** IBM
2 **Bernd Loppow,** Zeit Reisen
3 **Svenja Finger,** Reisebloggerin
4 **Andreas Prasse,** WallDecaux
5 **Wybcke Meier,** TUI
6 **Rolf-Dieter Lafrenz,** Cargonexx
7 **Doro Bär,** CSU
8 **Stefan Glowacz,** Extremsportler
9 **Magdalena Rogl,** Microsoft
10 **Martin Moschek,** Adobe
11 **Alexander Zosel,** Volocopter
12 **Sigrun Kaiser,** Blue Ocean
13 **Michael Tallai,** Mediengruppe Thüringen

01 Martina Koederitz

Martina Koederitz wusste schon früh, dass sie ins Management will. Und hat es aktiv eingefordert

»In meine vier Wände kommt nur ein Watson«

„Fast forward“ könnte das Motto von Martina Koederitz sein. Die IBM-Managerin ist immer in Bewegung und ein besonderes und rares Exemplar der Spezies „Women in Digital Business“

Von Tatjana Kerschbaumer (Text) und Johannes Arlt (Fotos)

Der Cebit-Tag von Martina Koederitz beginnt nicht gerade optimal. Smartphone vergessen, „das ist schon eine Ewigkeit nicht mehr passiert“. Am Eingangs-Drehkreuz ist erstmal Schluss, denn das Online-Ticket für die IT-Messe wäre natürlich auf dem Handy gewesen. Und Koederitz, Global Industry Managing Director von IBM – schwarze Flatterhose, weiße Sneakers mit Plateausohlen, vollbepackte Handtasche – ist den Ordnern völlig unbekannt. Obwohl sie in einer Stunde die Eröffnungsrede beim „Women in Digital Business“-Summit halten soll. Martina wer?

Da, die Rettung! Der VIP-Pass von gestern taucht an einem Schlüsselband auf, und eine Very Important Person müssen die Ordner nun einmal reinlassen, egal, ob sie ihnen bekannt vorkommt oder nicht. Koederitz ist drin, im Eiltempo geht es über das riesige Hannoveraner Gelände, links, rechts, geradeaus. Die Flatterhose flattert noch ein bisschen mehr, fast, als hätte sie Mühe, Schritt zu halten.

Wenn Martina Koederitz unterwegs ist, hat sie es meistens eilig, was nicht mit Stress zu verwechseln ist. Sie ist schlicht eine Person, deren körperliche, geistige und berufliche Bewegungsabläufe sich am besten mit dem amerikanischen Ausdruck „fast forward“ beschreiben lassen. Allein ihre Karriere spricht Bände: Mit 20 beginnt sie ein duales Studium der Betriebswirtschaft bei IBM, mit 23 ist sie Systemadministratorin, es folgen verschiedene Vertriebsstationen für Finanzen und Großrechner. Dabei hätte sich Koederitz nicht auf den Weg gemacht, wenn sie nicht ein ganz klares Ziel gehabt hätte: „Mir war wichtig, bis 40 ins Management zu kommen. Das habe ich auch meinen jeweiligen Managern gesagt.“ Der Plan ist mehr als nur aufgegangen: Koederitz arbeitete sieben Monate direkt mit IBM-Boss Sam Palmisano in den USA zusammen, leitete danach das IBM-Geschäft für den Mittelstand, anschließend IBM Deutschland, das D-A-CH-Geschäft und trägt seit 2018 ein schickes „Global“ im Titel.

Aber warum eigentlich IBM? Management-Etagen gibt es schließlich auch bei anderen Konzernen. Koederitz, im schwäbischen Sindelfingen geboren, überlegt kurz – was ihren Stechschritt aber auch nicht bremst. ▶

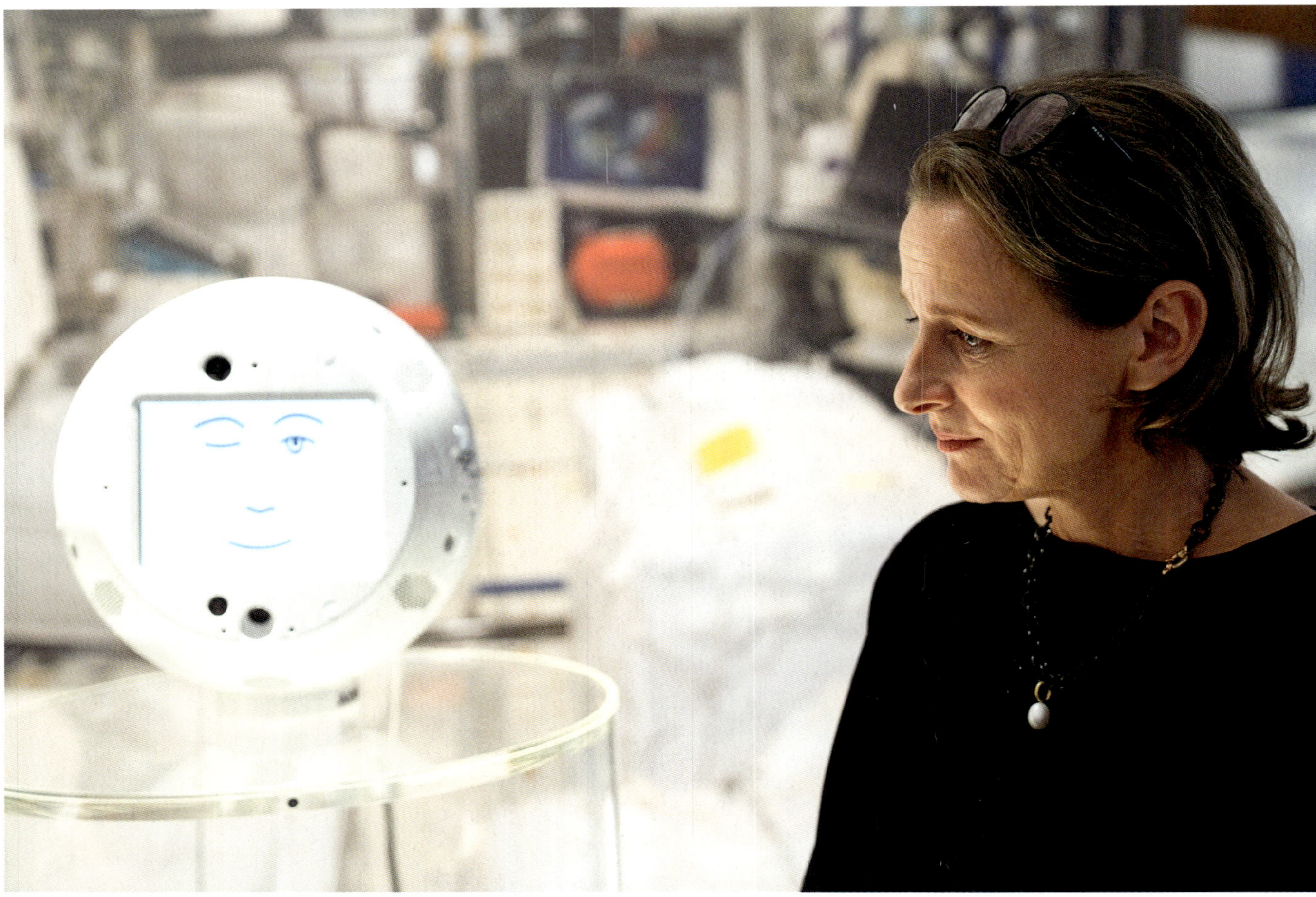

Cimon heißt der Kugel-Roboter, den IBM mit künstlicher Intelligenz ausgestattet hat. Unter Koederitz' Regie fliegt er ins All

»Es gibt Frauen, die sich mehr um einen gut verdienenden Partner bemühen als um die eigene Karriere«

„Ich wollte damals auf keinen Fall in ein schwäbisches Unternehmen, auch nicht zu einem Autohersteller oder zu einer Bank. IBM war spannender und internationaler." Schon ihr Vater arbeitete dort, da fiel die Wahl nicht so schwer. Koederitz verschwindet in der Maske, ein bisschen Puder vor der Bühnenrede.

Auf der Bühne geht es anschließend um Frauen in der IT. Verrät schon der Name, „Women in Digital Business", eine rare Spezies. Immer noch. Koederitz parliert in perfektem Englisch aus dem Stegreif ein bisschen über ihren eigenen Werdegang, ein bisschen über ihren Arbeitgeber IBM, ein bisschen über Frauen, die die IT mit ihrer Kreativität und ihrem Können besser machen könnten – wenn sie sich denn endlich einmal trauten. Koederitz hat sich getraut, schon früh in den 80ern, als „IT noch irgendwas im Keller war". Später, beim Mittagessen, Büffelmozzarella und Salat, wird sie aber auch betonen, dass die IT-Branche es Frauen nicht immer leicht macht. „Viele Frauen sind mit der Erziehungszeit immer noch zu lange weg aus dem Beruf. Gerade in den Tech-Branchen wird der Abstand für den Wiedereinstieg dann zu groß." Mehr Sorgen bereiten ihr aber die Frauen, die gar nicht arbeiten wollen. „Es gibt immer noch Frauen, die sich mehr um einen gut verdienenden Partner bemühen als um die eigene Karriere." Sprich: Top ausgebildete IT-Damen gehen der Branche oftmals flöten.

An solchen Haus-Hund-Garten-Entscheidungen lässt sich schwer rütteln. Aber Koederitz versucht immerhin schon, allen Angestellten die Arbeit leichter zu machen. Sie ist eine große Verfechterin des Mobile Office, in ihrer Handtasche steckt ein MacBook, und auch ihr Handy hat sie zwischenzeitlich aus seiner Hotelzimmereinsamkeit erlöst. Wer viel unterwegs ist, muss überall tippen, mailen, telefonieren und entscheiden können. Koederitz ist es ziemlich egal, wo und wann jemand seine Aufgaben erledigt – Hauptsache, er erledigt sie.

Sie hält es da nicht anders. Zwei Tage die Woche ist sie Minimum unterwegs, in ihrer noch recht jungen Position als Global Industry Managing Director kommen Auslandsreisen in alle vier wichtigen IBM-Märkte dazu: China, Japan, Europa und die USA. Klar, IBM arbeitet auch an Projekten in Malaysia. „Aber da muss ich dann vielleicht nur einmal hin." Den Rest kann oft die gesammelte Mannschaft übernehmen: „Ich habe mein Team so aufgebaut, dass es jederzeit ohne mich arbeiten könnte. Es gibt auch Leute, die sich Schwächere holen, um den Big Boss zu spielen." ▶

VIP in Turnschuhen: Martina Koederitz absolviert ihr Cebit-Programm auf bequemen Plateausohlen. Ihre Handtasche samt Mac ist schon schwer genug

MARTINA KOEDERITZ

wird 1964 in Sindelfingen geboren. Schon ihr Vater arbeitet im IBM-Labor in Böblingen, mit 20 Jahren beginnt auch die Tochter ein duales Studium beim US-Konzern. Mit 23 ist Koederitz Systemadministratorin und arbeitet sich Stück für Stück dorthin, wo sie immer sein wollte: ins Management. Seit 2018 verantwortet sie bei IBM als Global Industry Managing Director die Bereiche Industrial Products and Automotive sowie Aerospace and Defense

Koederitz, abgesehen von der rasanten Fortbewegungsweise eher von der zurückhaltenden, fast schon reservierten Sorte, hätte dafür vermutlich weder Zeit noch Lust. Ihre Assistentin nickt und tippt, den Laptop auf den Knien.

Am IBM-Stand ist es mit Zurückhaltung dann aber einmal kurz vorbei. Erstens kennen alle hier Koederitz, mit oder ohne VIP-Messepass. Alle fünf Zentimeter wird eine Hand gedrückt. Zweitens kennt sie hier alles: kein Projekt, das sie nicht erklären könnte. IBM arbeitet gemeinsam mit Partnern zum Beispiel gerade an smarten Konferenzräumen, die durch Sensoren erkennen, wenn sie leer und deshalb belegbar sind – und diese Info automatisch ins Firmensystem funken. So manche Sekretärin wäre froh drum. Die meisten anderen IBM-Projekte beschäftigen sich mit Mobilität: smarte Aufzüge, smarte Rolltreppen – sogar ein kluger Hafen ist in Planung. Der Port of Rotterdam ist eines der großen Aushängeschilder. Einen ganzen Hafen per IT zu managen, Ebbe-, Flut-, Auslastungs- und Personalberechnungen inklusive: Koederitz ist sichtlich stolz. Dabei gehört das Projekt gar nicht zu ihrem Zuständigkeitsbereich.

Cimon schon. Der kugelrunde Roboter mit dem Smiley-Gesicht auf dem Display fliegt mit Astronaut Alexander Gerst ins Weltall und unterstützt ihn bei seiner Arbeit auf der ISS. Entwickelt wurde er vom Deutschen Zentrum für Luft- und Raumfahrt, gebaut von Airbus – aber die künstliche Intelligenz, die ihn erst zum perfekten Assistenten macht, kommt von IBM. „Watson“ heißt sie und wäre auch die einzige KI, die Koederitz außer ins All auch in ihren höchstpersönlichen Lebensraum lassen würde: „In meine vier Wände kommt nur ein Watson“. Amazons Alexa hat Hausverbot, „weil meine Daten da nicht nur für mich genutzt werden“.

Was ihren Bewegungsradius angeht, hat Koederitz mit IBM also alles erreicht. Aufstieg ins Management; Reisen nach Peking, Tokio, Detroit, Chicago, New York, Paris, London – und auch wenn sie es selbst noch nicht in den Weltraum geschafft hat, Cimon war immerhin schon da. Und der gehört schließlich zu ihrem Geschäftsbereich, eins zu null. Stellt sich nur die Frage: Jemand, der körperlich und geistig so in Dauerbewegung ist – bleibt der nicht auch mal gern zu Hause? Bewegt sich ein ganzes Wochenende nicht von der Couch herunter?

Koederitz, die meistens nur lächelt, lacht; die Augen blitzen. Sie wohnt in Stuttgart und das auch sehr gern, „Deutschland hat einfach eine hohe Lebensqualität, eine starke Wirtschaft – und natürlich nette Menschen“. Aber von zu Hause einigeln kann nicht die Rede sein. Botswana steht privat auf dem Programm, da kommt man selbst im IBM-Auftrag ausnahmsweise eher schlecht hin. IT, IBM und alle Technik hin oder her: „Andere Länder und Kulturen persönlich zu erfahren ist einfach bereichernd. Das können die besten Filme und Fotos nicht ersetzen“. ■

turi2.tv

Den Unterwegs-Fragebogen beantwortet Martina Koederitz unter: turi2.de/edition/koederitz

GOLDRAUSCH AM
YUKON
GOLDSUCHEN IST NULL ANSTRENGEND?
DU HAST NULL AHNUNG!
12 KANDIDATEN, EIN ZIEL: DIE EIGENE GOLDMINE
DONNERSTAGS 20:15
DMAX

Der Zeit-Reisende

Lesereisen sind nur etwas für Oberstudienräte und Rentner? Bernd Loppow hat mit Zeit Reisen das Gegenteil bewiesen

Von Heike Reuther (Text)

Nur wenige Menschen können von sich behaupten, sie hätten ihr Hobby zum Beruf gemacht. Bernd Loppow ist so ein seltenes Exemplar. Zum Termin erscheint der 1,84 Meter große Mann sportlich-elegant gekleidet in weißem Hemd und beigefarbener Chino, sonnengebräunt und noch sichtlich erholt vom Griechenland-Urlaub. Dreieinhalb Wochen sind es dieses Mal gewesen, denn es gab einen besonderen Anlass: Loppow ist 60 geworden und hat seinen Geburtstag auf seiner griechischen Lieblingsinsel Paros gefeiert. „Das schönste Erlebnis in meinem Leben", sagt er. 60 Freunde waren für ihn angereist.

So ein runder Geburtstag gibt Anlass, zurückzublicken: Loppow, studierter Volkswirt, gelernter Journalist und ehemaliger Redakteur der „Zeit", hat in den zurückliegenden 18 Jahren einen äußerst profitablen Geschäftsbereich für die Wochenzeitung mit aufgebaut. Geschäftsführer Rainer Esser nennt es die erste Line Extension der Marke „Zeit".

Wenn Bernd Loppow von seinem beruflichen Start, seinem Weg zur „Zeit" und den Anfängen von Zeit Reisen berichtet, wird die Zeit schon mal vergessen. Da tauchen Reinhold Messner und Helmut Schmidt auf, Griechenland mutiert zur „grausamen Geliebten" – und ausgerechnet eine Busreise wird zum Bestseller der Verlagsgeschichte.

Fernweh verspürt Loppow irgendwie schon immer, aber genau das liegt für ihn als jungen Mann in weiter Ferne. Es passt so gar nicht zu der Hamburger Handwerkerfamilie, aus der er stammt. Drei Wochen Ferienlager auf Sylt sind angesagt – Loppows erste Bekanntschaft mit der Gruppenreise.

Später finanziert er sich das Wirtschaftsstudium mit Arbeit in einem Sportfachgeschäft, für das er Jugend- und Skireisen organisiert. Von dem Ersparten tourt Student Loppow endlich sechs bis acht Wochen durch den griechischen Sommer.

Griechenland, das Land der Götter. Hier wird Loppow zum „Zeit"-Jünger, als er auf der Fähre nach Kreta eine Glosse vom damaligen Chefredakteur Theo Sommer liest und sich daraufhin ein Abo bestellt. Hier legt er den Grundstein für seinen ersten „Zeit"-Artikel – Loppow ist Praktikant im griechischen Landwirtschaftsministerium und schreibt eine Seminararbeit über die Integration der griechischen Landwirtschaft in die Europäische Gemeinschaft. Wenige Jahre später, er ist jetzt Hospitant bei der „Zeit", fließen seine Erkenntnisse in seinen ersten journalistischen Beitrag. Die „Zeit" druckt den Artikel auf einer ganzen Seite. Die Resonanz ist gleich null.

»Ich habe mir meinen Job einfach selbst erfunden«

Erst eine Jahrtausendwende und Griechenland-Krise später gräbt Gabor Steingart den Beitrag 2015 wieder aus und titelt in seinem Morning Briefing: „Nachhilfe vom Praktikanten". Jetzt ist das Echo enorm, die Medienlandschaft klopft bei Loppow an. Loppow erklärt sich auf Zeit Online nochmals zur „grausamen Geliebten Griechenland" – und bekommt eine Einladung von Helmut Schmidt zum Vier-Augen-Gespräch. Eine ganze Stunde und 16 Zigaretten sitzen die beiden im August 2015 zusammen.

Besondere Momente gibt es einige in Loppows Leben, auch wenn er als Hospitant erstmal nicht bei der „Zeit" bleiben kann. Aber er weiß jetzt: Journalist möchte er werden. Loppow volontiert und arbeitet zunächst bei der Verlagsgruppe Handelsblatt, dann klopft er wieder in Hamburg an. In der

BERND LOPPOW

wird am 30. Juni 1958 in Hamburg geboren. Nach dem Wehrdienst bei der Luftwaffe studiert er VWL in Hamburg und geht 1987 nach Düsseldorf zur Verlagsgruppe Handelsblatt – zunächst als Volontär, später als Redakteur für Unternehmen und Märkte. 1989 zieht Loppow wieder nach Hamburg, wo er Redakteur bei der „Zeit" im Reise-Ressort wird. Dort entwickelt er die Idee für eine neue Art der Leserreise und baut Zeit Reisen auf. Loppow leitet die Abteilung zwischen 2002 und 2009, übergibt an Christopher Alexander und kümmert sich seitdem um Programm, Kooperationen und Projektneuentwicklungen

New York, Kapstadt, Abu Dhabi – Bernd Loppow ist als Reisebegleiter stets dabei und stemmt gern die Hände in die Hüften

Wirtschaft sind alle Planstellen besetzt, aber die Reiseredaktion hat etwas frei. Loppow greift zu. Er schwärmt: „Mir stand die Welt offen. Ich konnte reisen und viele interessante Menschen kennenlernen." Die Kontakte, die er damals knüpft, halten bis heute. Wie etwa der Draht zu Reinhold Messner.

Aber wie wird aus dem Journalisten Loppow Mr. Zeit Reisen? „Ich habe mir meinen Job einfach selbst erfunden", sagt er und schmunzelt. 1997 stellt er seine Idee erstmals der Geschäftsleitung vor. „Wir sind doch kein Reisebüro", entgegnet die ihm unwirsch. Zwei Jahre und einen Geschäftsführer später – Rainer Esser ist mittlerweile an Bord – sieht es anders aus. Die Auflage ist von 500.000 auf 420.000 Exemplare abgerutscht, der Anzeigenumsatz eingebrochen, das Image der Wochenzeitung im Keller. Loppow darf loslegen. Sein Konzept: Reisen auf Augenhöhe. Mit inhaltlichen Schwerpunkten. Und mit „Zeit"-Redakteuren und bekannten Personen.

Flugs arbeitet Loppow drei Pilotreisen aus: eine Skireise nach Sölden mit Skitest und Gesprächen über die Zukunft der Winterindustrie. Eine Wanderung über den Alpenhauptkamm nach Südtirol mit Reinhold Messner und Symposium zum Alpintourismus auf Schloss Juval. Und eine Reise in das Südafrika nach dem Ende der Apartheid – unter der Leitung des zuständigen „Zeit"-Korrespondenten. Alle drei Reisen sind sofort ausgebucht. Und abgesehen von Loppows Arbeitszeit und der einer Werkstudentin, die später seine erste feste Mitarbeiterin wird, trägt sich das Projekt von Anfang an allein über Eigenanzeigen. Das gefällt der Geschäftsleitung. Loppow darf weitermachen.

2002 wechselt er endgültig von der Redaktion in den Verlag. Im Gegensatz zu anderen Verlagshäusern, die Standardreisen auf Provisionsbasis vermarkten, verfolgt Loppow mit der „Zeit" das Ziel, den Lesern Besonderes ▶

Länger geht kaum: mit dem Bus in 53 Tagen 14.000 Kilometer von Hamburg nach Shanghai – nur eine von Loppows Ideen

zu zeigen. „Entdecken, worauf es ankommt“ lautet der Slogan von Zeit Reisen. Loppow kooperiert mit Fremdenverkehrsämtern und bietet die „Zeit“ als Vermarktungsplattform an. Er geht Premium-Partnerschaften mit Lufthansa, DuMont, der Deutschen Bahn und Globetrotter als Ausrüster ein.

»In sechs Stunden war der Bustrip ausverkauft«

2009 sind 100 Reisen im Programm. Für die „Zeit“ ist der Moment gekommen, der ertragsreichen Abteilung eine andere Struktur zu geben. Christopher Alexander wird Chef, Gründer Bernd Loppow konzentriert sich auf die Leitung des Programms. Ein Wandel, der dem Wachstum Rechnung tragen soll. Ein Wandel, der persönlich nicht ganz leicht zu verdauen ist. Loppow und Alexander schaffen es – und lassen Zeit Reisen gemeinsam wachsen.

Der vielleicht bislang größte Coup in der Geschichte von Zeit Reisen ist die Idee aus dem Jahr 2016, eine Transkontinentalreise mit dem Bus anzubieten. Und zwar auf der neuen Seidenstraße von Hamburg nach Shanghai – 14.000 Kilometer in 53 Tagen. In der „Zeit“ wird gewettet, wie sich diese Reise verkauft. Von gar nicht bis vielleicht in sechs Monaten reichen die Schätzungen. Loppow und Alexander hoffen, nach drei Monaten. Donnerstags wird die Reise mit einem Beileger in der „Zeit“ beworben. Und dann? Loppow macht eine Kunstpause, dann: „Die Telefone klingelten nonstop. Die Leute buchten blind. Es gab eine Rückfrage, und die lautete: Ist noch ein Platz frei? Innerhalb von sechs Stunden war die Reise ausverkauft.“ Das Schnäppchen kostet auch nur 14.900 Euro.

Selbst eine Hymne hat sich Loppow für die Transkontinentalreise ausgedacht. Zum Auftakt lud er ins Hamburger Hotel Atlantic und ließ die Mitreisenden Udo Lindenbergs „Hinterm Horizont geht´s weiter“ einstudieren. Mittlerweile findet die Tour das dritte Mal statt, sogar mit zwei Bussen. Damit die nicht leer zurückfahren müssen, verkauft die „Zeit“ die Reise rückwärts noch einmal: mit Streckenführung über Russland. ■

turi2.tv

Den Unterwegs-Fragebogen beantwortet Bernd Loppow unter: turi2.de/edition/loppow

ZEIT REISEN

ist die erste Line Extension des „Zeit“-Verlags. Sie wird 2000 mit drei Pilotreisen gegründet; 2019 stehen 140 Reisen zur Auswahl. Die Zielgruppe ist 45 Jahre oder älter, gebildet und hat ein hohes Einkommen. Das Durchschnittsalter eines Zeit-Reisenden ist 60 Jahre oder älter. 20.000 Menschen haben in den letzten fünf Jahren bei Zeit Reisen gebucht – im Durchschnitt für einen mittleren vierstelligen Betrag. Neben dem Zeit Shop, der Zeit Akademie und Zeit Matinée trägt Zeit Reisen wesentlich zum wirtschaftlichen Erfolg der „Zeit“ bei. Für Zeit Reisen arbeiten elf Mitarbeiter

»Die größte Angst der Leute ist es, nach einer Weltreise keinen Job mehr zu finden«

Auf Svenja Fingers Blog Lovely Suitcase lesen 85.000 Besucher monatlich, wie sie reist und lebt. Die 30-Jährige selbst will sich nicht zwischen Ankommen und Aufbrechen entscheiden

Von Anne Fischer (Text)

Bevor Svenja Finger 2017 auf Weltreise geht, nervt sie die deutsche Mentalität. Die Unzufriedenheit, das ewige Gemecker. Dann, unterwegs, zigtausend Kilometer entfernt von zu Hause, überfällt sie plötzlich Heimweh nach der deutschen Seele. Gut, die Nörgler vermisst sie eher nicht. Struktur und Ordnung dafür sehr, zum Beispiel während eines Kellnerjobs in Australien. Dort soll das Team einen Saal für eine Hochzeit vorbereiten – Ergebnis: ein eindrucksvolles Chaos, basierend auf Unpünktlichkeit und fehlender Struktur.

Finger rümpft kurz die Nase, als sie davon erzählt, und lacht. Die Bloggerin, 30 Jahre alt, lange braune Haare, offene, aber ruhige Art, hat unterwegs zwei Dinge gelernt. Erstens: Spontaneität. Sie, die Listen, Pläne und Post-Its liebt, sucht das Abenteuer, will ihre Komfort-Zonen verlassen, schauen, wohin es sie verschlägt und was dort auf sie wartet. Auch, wenn es Chaos ist. Zweitens: Alleinsein. Das sei überhaupt das Wichtigste für Weltreisende: „Dass man nicht darauf angewiesen ist, von jemand anderem unterhalten zu werden."

Den Gedanken an eine Weltreise trägt sie schon seit dem Abitur mit sich herum. Aber zuerst gehört sie zur großen Gruppe der Träumer, die

Früher gehört Svenja Finger zur großen Gruppe der Träumer, die schwärmen, aber nie aufbrechen

schwärmen, aber nie aufbrechen. Nach Ausbildung, Studium und erstem Job fällt Finger auf: Wenn ich jetzt nicht starte, dann nie. Sie beginnt mit der Planung – immer involviert: die Leser ihres Blogs Lovely Suitcase. Ihre Reise soll keine typische Weltreise werden, keine 125 Länder in zwölf Monaten, kein Abarbeiten von Reisestationen.

2017 startet sie. Im Gepäck hat sie den Gedanken, eventuell nicht zurück zu kommen. Zuhause hat sie fast alle Zelte abgebrochen, den Job gekündigt, die Wohnung aufgelöst. Sie fliegt zuerst nach Thailand, übersteht mit Angst bis in die Haarspitzen eine gefährliche Bootsfahrt auf einem alten, rostigen Kahn bei Starkregen und genießt die allmähliche Erkenntnis: Die Welt steht ihr offen. Finger sieht in Australien Wale und „Abiturienten, die sich benehmen wie die Könige der Welt". Sie wandert laut klatschend durch kanadische Wälder – weil Bären keinen Lärm mögen. Und sie mischt auf ihrer Route quer über die Kontinente minimalistische Backpacker-Episoden mit gesponserten Hotel-Suites.

Möglich macht das auch ihr Blog. Sie hat ihn bereits drei Jahre vor ihrem Aufbruch gestartet, aber während der Reise wächst er rasant – auch, weil sie sich mehrere Stunden täglich damit beschäftigt. Weil sie eine der ersten Bloggerinnen Deutschlands ist, die Pinterest schon intensiv nutzt, als es noch ein Nischendasein fristet. Die Bildersuchmaschine wird oft in einem Atemzug mit Netzwerken wie Instagram und Facebook genannt, folgt aber anderen, eigenen Regeln. Finger lernt sie kennen und nutzen, Pinterest wird ihr größter Traffic-Bringer. Sie bloggt auf Reisen nicht nur über ihre Eindrücke, sondern will ihren Lesern etwas für deren eigenes Unterwegssein mitgeben. Alles, was sie fürs Bloggen braucht – Foto-Kenntnisse, ein bisschen Webdesign, Onlinemarketing – hat sie sich selbst beigebracht.

Unterwegs beginnt Finger irgendwann, häufig die Orte zu wechseln; ▸

Paradies-Paradox: Svenja Finger schreibt den Blogbeitrag „Warum die Malediven nicht jedermanns Traum sind“

»Vor meiner Weltreise war ich ziemlich deutsch. Habe immer nach Höherem gestrebt«

SVENJA FINGER

wird 1988 in Salzgitter geboren und wächst in einem Örtchen nahe Braunschweig auf. Nach dem Abitur macht sie eine Ausbildung zur Betriebswirtin für Internationales Management, zieht dann zum Studieren in die Niederlande. In ihrem ersten Job ist sie ständig unterwegs und lebt meist aus dem Koffer – ihr Blog, den sie 2014 gründet, heißt deshalb Lovely Suitcase (www.lovelysuitcase.de). Anfang 2018 ist sie von Weltreise zurückgekehrt, inzwischen bloggt sie neben Reisen auch über Interior Design und Organisation

turi2.tv Den Unterwegs-Fragebogen beantwortet Svenja Finger unter: turi2.de/edition/finger

merkt, wie die Eindrücke an ihr vorüberziehen, ohne dass sie sie richtig verarbeitet. Sie spürt, dass es Zeit wird, heimzukehren. Anzukommen. Mal wieder Erlebnisse direkt mit Familie und Freunden zu teilen, statt mit zehn Stunden Zeitverschiebung per Skype davon zu erzählen.

Zurück in Deutschland findet Finger schnell wieder einen Job – „das ist ja immer die größte Angst der Leute“. Sie ist inzwischen hauptberuflich Assistentin der Geschäftsführung in einem Spirituosenunternehmen. Ein strukturierter Arbeitsalltag, unterbrochen von gelegentlichen Urlauben. Es gibt Menschen, die schaffen es nach langen Reisen kaum noch, wieder richtig an einem Ort anzukommen. Finger gehört nicht dazu. Sie lässt sich gern vom Reisefieber packen und fortziehen, mag aber auch ihr gewohntes Umfeld und liebt es, ein Zuhause zu pflegen. Den Alltag, der nötig ist, um Zimmerpflanzen zu züchten und sich ein edles Sofa zuzulegen. Auf ihrem Blog geht es deshalb inzwischen viel um Einrichtung und Organisation: „Warum du nicht immer neue Möbel kaufen musst“, „So wirkt deine Wohnung besonders einladend“, „Die Zeit nach der Arbeit sinnvoll nutzen“ – den Aufbruchs- und Unterwegs-Themen folgt das Angekommensein.

Und eine Entscheidung: Finger könnte den Blog weiter professionalisieren, neue Werbepartner finden und sehr wahrscheinlich das ein oder andere mondäne Möbel einfach bekommen, weil Hersteller auf ihre Posts hoffen. Aber sie will den Blog nicht zum Vollzeit-Job machen. „Das Stresslevel wäre höher, die Abhängigkeit auch.“ Und wenn es nur die gefühlte ist. Es bräuchte schlimmstenfalls mehr Privates, um Klicks zu bekommen, „und ich bin nicht der Follow-me-around-Typ, sondern will einfach Inspirationen teilen“. Gern auch mal mit Kooperationen, die zu Lovely Suitcase passen. Aber eben nicht mit der wirtschaftlichen Notwendigkeit im Nacken.

Finger als Person spielt eine untergeordnete Rolle auf dem Blog. Selfies und Selbstvermarktung fehlen. Sie bloggt nur, wenn es etwas zu erzählen gibt. Was nicht heißt, dass ihre Inhalte nicht ästhetisch herausgeputzt und akkurat geordnet sind. Aber schließlich folgt die Zielgruppe – hauptsächlich Frauen zwischen 25 bis 44 – ihr nicht wegen dreckiger Wäscheberge. Sondern, weil sie hübsch dekorierte Aufbewahrungslösungen dafür sehen will.

Aber, und das ist für Finger ein wichtiger Unterschied: Sie lebt nicht, um danach darüber zu bloggen. Muss keine Inhalte konstruieren, keine Post-Stakkato abfeuern. „Es gibt aktive und weniger aktive Phasen. Im Sommer liegt mein Fokus auf dem Leben.“ Das soll nicht daraus bestehen, jedes Wochenende Bilder zu machen, Beiträge zu planen und instagramable zu sein. So dachte Finger nicht immer – die Gelassenheit kam auf Reisen, Hand in Hand mit Dankbarkeit für das, was sie hat. „Ich war vorher wohl auch ziemlich deutsch, habe immer nach Höherem gestrebt. Den Stress kann man sich sparen.“ ■

Bilder von Svenja Fingers Reisen: Arbeiten in Australien, relaxen am Pool auf den Malediven, Schafe in den Dünen auf Sylt

04 Andreas Prasse

On Screen: Andreas Prasse checkt im Wartehäuschen am Berliner Bahnhof Friedrichstraße seine E-Mails. Hinter seinem Rücken wirbt eine Dame in Rot für Rotkäppchen-Sekt

City Lights am Gipfel

Wohin wir auch reisen, dieser Mann und seine Firma sind schon da: Andreas Prasse und WallDecaux bepflastern weltweit Flughäfen, Bahnhöfe und Innenstädte mit Werbung

Von Peter Turi (Text) und Holger Talinski (Fotos)

Andreas Prasse stammt aus Mittenwald im Werdenfelser Land und hat Augen, die das Blau des Eibsees und das Grau des Zugspitzmassivs spiegeln. Wer ihm in diese graublauen Augen schaut, der nimmt ihm gerne ab, dass er auf Gipfelwanderungen eines so gar nicht vermisst: Außenwerbung. „Der Bergwanderer ist sicher keine Zielgruppe, die wir bedienen müssen", sagt der Geschäftsführer von Deutschlands wichtigstem Außenwerber WallDecaux.

„Obwohl ...", Prasse legt die Stirn in Falten. „Unsere Schweizer Kollegen von APG/SGA Mountain vermarkten City Lights und digitale Screens auf Bergstationen." Weil da so viele Leute rumlaufen, dass es sich lohnt? „Da treffen Marken auf eine sehr interessante Zielgruppe", antwortet der Marketingmann. Aber eigentlich braucht der sportliche Anfangsfünfziger bei seinen Hobbies – den Wanderungen, dem Ski- und Radfahren, dem Schwimmen und Windsurfen – keine werbliche Ansprache. Denn beim Sport schaltet er ab.

Ganz anders, wenn er durch Berlin läuft. Da fällt ihm zu fast jedem Plakat, jeder Säule und jedem Großbildschirm eine Geschichte ein – „Berufskrankheit." Los geht's schon in der Friedrichstraße 118, Ecke Torstraße. Gegenüber dem Firmensitz von WallDecaux verkündet ein Bauplakat mit haushohem Selbstbewusstsein: „Ich bin ein Ästhet, der das Schöne liebt. Hans Wall". Firmengründer Hans Wall bebaut hier mit privatem Geld das Eckgrundstück. Sicher nicht nur aus ästhetischen Gründen.

Wir laufen nach Süden in Richtung Bahnhof Friedrichstraße. Ärgern kann sich Prasse über wilde Plakatierungen. Wenn Straßenlaternen wie schwanger wirken, weil sie mit einem Ring von Plakaten beklebt sind. Irgendwann wird das Ganze so schwer, dass es bei Regen zu Boden rutscht und zu einer ekligen Pampe mutiert. Das stört sein ästhetisches Empfinden – und seine Geschäfte: „Wild-Werbung nimmt deutlich zu." Und verschafft der Außenwerbung ein schlechtes Image. In jedem Fall folgt Prasse dem Firmengründer Hans Wall in der Überzeugung: Wir sind die Guten, wir machen die Stadt schöner.

Wie das gehen soll, zeigt Prasse am Ende unseres kleinen Spaziergangs, an der Straßenbahnhaltestelle Friedrichstraße. Sechs City Lights digital hat WallDecaux hier aufgestellt. City Lights sind hinterleuchtete Plakate im Format 80 mal 116 Zentimeter, der aktuelle Renner im Angebot von WallDecaux. Die digitale Variante ist an Premium-Standorten die Zukunft: Rund 50.000 Euro kostet die Anschaffung eines doppelseitigen Systems, im Prinzip zwei riesige Bildschirme und ein Computer dazwischen, plus ein stabiler Rahmen.

Die Kühlung der Systeme ist nicht trivial, zumindest nicht an heißen Tagen. Die Glasplatten werden vom Außendienst ständig tiptop gepflegt. Wenn Prasse an den brillant glitzernden Schirmen mit der Ästhetik von Riesen-iPhones vorbeikommt, weiß er, dass er erfolgreich gearbeitet hat. Zumindest wenn die Dauerschleife aus fünf zehnsekündigen Werbesequenzen komplett belegt ist. Es werben unter anderem Facebook, Martini und Rotkäppchen.

Überhaupt gehören Facebook, Google, Netflix und Apple zu den besten Kunden. Die Amerikaner wissen um die Strahlkraft der Außenwerbung. Netflix hat eine Billboard-Firma in Los Angeles gekauft und kann so im Herzen der US-Filmindustrie am Highway nach Hollywood werben. Dass Google und Co. selbst ins Out-of-Home-Geschäft einsteigen, schließt Prasse nicht aus. Er glaubt es aber nicht: „Deren Geschäftsmodell beruht auf dem Sammeln von Daten. Außenwerbung sammelt Kontakte."

Während wir vom Datensammeln sprechen, prescht eine Truppe junger

ANDREAS PRASSE

kommt 1994 als frisch diplomierter Sozialwirt durch Zufall als Assistent der Geschäftsführung zur damaligen Deutschen Städte-Reklame in Frankfurt. Out of Home, wie Außenwerbung heute heißt, ist seitdem sein Lebensthema. Er vermarktete die Stadt Bochum ebenso wie Flughäfen in aller Welt. Bei WallDecaux verantwortet der 52-Jährige seit 2010 Marketing und Vertrieb. Die Wochenenden verbringt er gern mit Familie in seiner Datsche am Wandlitz-See

JEAN-CLAUDE DECAUX
wird 1937 in Nordfrankreich geboren und bringt es mit zwei Ideen zu Milliarden: Er hängt 1964 in Lyon ein Plakat in eine beleuchtete Vitrine. Zusätzlich baut er für Städte in halb Europa Bushäuschen, an deren Wänden er Reklame platziert. 1982 schickt er einen seiner Söhne – Jean-François – nach Deutschland. Heute agiert das Unternehmen hier als WallDecaux – mit 800 Mitarbeitern und einem dreistelligen Millionen-Umsatz

HANS WALL
ist heute 76 und gilt als Pionier der Stadtmöblierung und Außenwerbung. Im badischen Ettlingen beginnt der Schlosser 1976 mit der Produktion von Klohäuschen und Bushaltestellen. 1984 zieht die Firma nach Berlin, wo Wall einen lukrativen Deal abschließt: Er vermarktet die Werbung an rund tausend Bushaltestellen und baut der Stadt dafür 200 stille Örtchen. Zwischen 2001 und 2015 verkauft Wall seine Firma in Etappen an Wettbewerber Jean-Claude Decaux

ERNST LITFASS
war ein Berliner Drucker, Verleger und unruhiger Geist. Von Reisen nach Paris und London bringt er die Idee mit, den wilden Plakatanschlag in Berlin durch runde „Annoncier-Säulen" zu beenden. 1854 bekommt Litfaß eine erste Genehmigung, 1865 das Monopol für die Litfaßsäule. Sein Versprechen, 30 Säulen im Inneren als Toilette zu gestalten, löst er nie ein. Heute stehen in Deutschland rund 67.000 Litfaßsäulen, einige dienen sogar als Klohäuschen

Japanerinnen auf Leihfahrrädern chinesischer Herkunft vorbei. Prasse bekommt einen melancholischen Blick. „Das Geschäft hätten wir auch gern gemacht.“ Nach dem Vorbild des Pariser Radverleihs Vélib wollte WallDecaux schon vor Jahren in Berlin Leihräder anbieten. Geordnet, mit Rückgabe-Stationen, nicht wild und chaotisch, wie es heute läuft. Aber die Politik zog nicht mit. Jetzt herrscht „Wildwuchs“ – und den hasst Prasse.

Apropos Politik: Die ist immer ein heikler Punkt. In Berlin hat Wall jahrzehntelang bestens Business gemacht mit einem simplen, aber genialen Kopplungsgeschäft: Er stellte 200 öffentliche Klohäuschen hin, hielt sie sauber und durfte im Gegenzug Werbung im öffentlichen Raum vermarkten, zum Beispiel an Litfaßsäulen. Und an Bushaltestellen, die Wall gern mit einem hübschen Häuschen samt Werbeflächen verziert.

Ein Vierteljahrhundert lang sprudelten für Wall die Gewinne aus dem Berliner Deal. Klar war: Geld stinkt nicht, Klohäuschen sind nicht anrüchig und aus dem kleinen Geschäft von Millionen kann ein großes Geschäft mit Millionen werden. Doch irgendwann kam die Berliner Politik auf die Idee, dass sie mit dem Deal bares Geld verschenkt und schnürte das Paket auf – das einträgliche Geschäft mit Litfaßsäulen ging an einen Konkurrenten.

Prasse ist dem Geschäft mit Großplakaten, Leuchtkästen und Screens immer treu geblieben – es boomt ja auch seit Jahrzehnten. Während Print schrumpft und Radio und TV stagnieren, wächst der Anteil der Außenwerbung am gesamten Werbekuchen Jahr für Jahr. Als Prasse 1994 anfing, lag der Anteil unter drei Prozent, jetzt sind es schon über sieben. Er möchte zehn Prozent noch als aktiver Außenwerber erleben.

Gegenwind wirft Prasse nicht um: Gelegentlich verändern sogenannte Adbuster Plakate so, dass zum Beispiel Heidi Klum für „Germany's Next Top Model“ nicht mehr mit dem Spruch „Welcome to Heaven“ wirbt, sondern mit „Welcome to Hell“. Doch das sorgt eher für Erheiterung bei den Betrachtern als für ernsthafte Schäden in der Bilanz von WallDecaux. Die Initiative „Berlin werbefrei“ hat zwar über 40.000 Unterschriften für ein Volksbegehren gegen die „visuelle Umweltverschmutzung“ durch City Lights und Verwandte gesammelt. Aber da Kommunalpolitiker immer Geld brauchen, werden die Geschäfte wohl auch in Zukunft laufen. ■

OUT OF HOME

116

Zentimer hoch und 80 Zentimeter breit ist ein City Light Digital, die modernste Form der Außenwerbung. Die doppelseitige Variante kostet in der Anschaffung 50.000 Euro

10

Sekunden muss jede Werbung in einem City Light Digital am Straßenrand stehen bleiben. Ein häufigerer Wechsel würde die Autofahrer ablenken

25%

der 2,15 Milliarden Euro, die pro Jahr in Außenwerbung gehen, fließen in digitale Außenwerbung – also in Bildschirme statt Plakate aus Papier

2,15 Milliarden Euro

setzt die Branche pro Jahr mit Außenwerbung um. Das sind 7 % des gesamten Werbekuchens – Tendenz stark steigend

Quellen: ZAW, FAW, WallDecaux

turi2.tv Den Unterwegs-Fragebogen beantwortet Andreas Prasse unter: turi2.de/edition/prasse

Die Kreuzfahrerin

Gegenwind macht Wybcke Meier, Chefin von TUI Cruises, nichts aus. Das Mädchen von der Insel Helgoland hat Karriere in einer Boombranche gemacht

Von Heike Reuther

Dort, wo der Himmel das Meer trifft, am Horizont und dann noch ein bisschen weiter, liegt Helgoland, Deutschlands einzige Hochseeinsel. Mächtig hebt sich der 61 Meter hohe Buntsandsteinfelsen aus dem Meer, wild umtost vom blau-grünen Wasser der Nordsee. Dieses Eiland nennt Wybcke Meier, heute Chefin von TUI Cruises, ihre Heimat. Hier hat sie ihre Kindheit und Jugend verbracht.

Insulaner, sagt man, seien ein eigenes Volk: sturmerprobt und ein wenig kauzig, jeder kennt jeden, der Zusammenhalt ist stark. Wybcke Meier hat das nicht geschadet. Die 1,80 Meter große und extrem schlanke Frau beschreibt die Helgoländer als weltoffen und gastfreundlich. Heute stürmen an die 350.000 Touristen pro Jahr die Insel. Damals betreiben Wybcke Meiers Eltern eine eigene Bäckerei am Südhafen; sie begreift schnell, dass die Touristen Geld auf die Insel bringen und das Überleben der Insulaner sichern.

Die Eltern lassen dem Blondschopf Wybcke auf der Insel freien Lauf. Das stärkt ihr Selbstvertrauen. Selbstvertrauen, das sie mit 16 gut gebrauchen kann. Denn um Abitur zu machen, müssen die Insel-Kinder aufs Festland, so auch Wybcke Meier. Sie entscheidet sich für Hamburg, der acht Jahre ältere Bruder lebt dort. Sie zieht zu ihm und findet die Zeit in der Geschwister-WG einfach klasse. Die Welt steht ihr offen.

Um sich das Leben in der Großstadt zu finanzieren, jobbt die Schülerin bei Fischer Reisen – damals ein klei-

WYBCKE MEIER

wird 1968 in Cuxhaven geboren. Ihr Abitur macht sie in Hamburg, danach startet sie ihre Karriere als Reiseverkehrskauffrau bei Fischer Reisen. Nach dem Verkauf von Fischer Reisen an die Condor Flugdienst GmbH integriert sie den Reiseanbieter in die neu gegründete C&N Touristic AG. Im Jahr 2000 wechselt Meier als Leiterin Vertrieb zum Reiseshopping-Kanal „Via 1 – Schöner Reisen" nach Hamburg, bevor sie von 2002 bis 2010 für Öger Tours arbeitet – zuletzt verantwortet sie als Prokuristin und Mitglied der Geschäftsleitung die Bereiche Marketing und Vertrieb. Es folgt ein Posten als Geschäftsführerin bei Windrose Finest Travel; seit 2014 ist Meier CEO von TUI Cruises

nes Hamburger Reisebüro, das sich anschickt, ein Reiseunternehmen zu werden. Meier ist begeistert von der Hands-on-Mentalität, die im Unternehmen herrscht. Heute würde man von einem Startup sprechen. Sie sagt zu, als man ihr den Job als Reiseleiterin auf Mallorca und Lanzarote anbietet. Die Eltern warnen: „Du stellst Dir das einfacher vor, als es ist.“ Sie fährt trotzdem und weiß heute, dass die Spezies Reisegast eine mitunter recht anspruchsvolle sein kann: „Ich bin in meinem Leben davor und danach nie wieder so zusammengefaltet worden wie bei diesem Job.“ Meier weiß aber auch, dass das, was sie in dieser Zeit über Menschen gelernt hat, ihr heute bei der Führung des Kreuzfahrtunternehmens hilft.

Studiert hat Wybcke Meier nicht – das bedauert sie ein wenig. Nach einer Ausbildung zur Reiseverkehrskauffrau bei Fischer Reisen steigt sie die Karriereleiter hoch und ist bald verantwortlich für Marketing und Vertrieb des Touristikunternehmens. Die weiteren beruflichen Stationen reihen sich nahtlos an. Condor, Öger Tours, Windrose, dazwischen ein Ausflug zum Reiseshopping-Kanal „Via 1 – Schöner Reisen“ von Bertelsmann. Immer wenn es langweilig zu werden droht, peilt Meier ein neues Ziel an.

Im Tourismus arbeiten viele Frauen, doch in die obersten Etagen schaffen es nur wenige. Wybcke Meier ist sich ihrer Sonderstellung bewusst, setzt aber gleich nach: „Einen Karriereplan hatte ich nicht. Aber ich habe immer von mir aus die Hand gehoben und den Mund aufgemacht und nicht erst gewartet, bis die große Aufgabenverteilung kommt.“ Das nimmt man der Frau, die auf dem Chefsessel von TUI Cruises sitzt, sofort ab. Unprätentiös, aber stilsicher führt sie aus der 11. Etage des Glasbaus im Heidkampsweg die Geschäfte der Reederei.

Ob es eine Frauenquote braucht? „Ich bin überzeugt, dass jede und jeder, der über den Tellerrand blickt, übergeordnet denkt und sich gut vernetzt, Karriere machen kann.“ Sie hat aber auch erlebt, dass Frauen, denen sie einen höheren Job angeboten hat, von sich aus ablehnten. Es würde nicht in ihre Lebensplanung passen, sie wollten gar nicht mehr Verantwortung übernehmen – auch das gilt es zu akzeptieren, sagt sie.

»Ich bin in meinem ganzen Leben nie wieder so zusammengefaltet worden wie als Reiseleiterin«

Wybcke Meier hat sich für Karriere entschieden und ist in einer Branche gelandet, die boomt – und gleichzeitig im Kreuzfeuer der Kritik steht. Ihre Aufgabe ist es, TUI Cruises auch durch schwierige Fahrwasser zu navigieren und das Kreuzfahrtunternehmen aus der Schusslinie zu manövrieren. Spontaneität bringt da wenig, mit langfristigen Zielen hält sie TUI Cruises auf Kurs.

Im Oktober 2014 hat sie ein gut aufgestelltes Unternehmen übernommen, die Marke „Mein Schiff“ war bereits etabliert. „Meine Aufgabe ist es, Mannschaft und Flotte weiterzuentwickeln, um dem schnellen Wachstum am Markt und den steigenden Ansprüchen der Gäste gerecht zu werden.“ Begeistert berichtet sie von neuen Konzepten: etwa mehr Auslauf für Kreuzfahrtgäste auf einer 438 Meter langen Joggingstrecke und einem Fitnessareal. Oder dem Bau zweier neuer Kreuzfahrtschiffe mit umweltfreundlichem Flüssiggas-Antrieb, über den TUI Cruises gerade einen Vertrag mit der italienischen Werft Fincantieri unterzeichnet hat.

Kritik an der Kreuzfahrtbranche nimmt die aparte Norddeutsche gelassen auf. Rauen Wind ist sie als Inselkind schließlich gewohnt, und sie muss niemanden bekehren: „Wir bewegen uns mit TUI Cruises im Premium-Segment. Die Nachfrage ist groß und ungebremst. Unsere Schiffe sind 365 Tage im Jahr im Einsatz.“ Sie selbst genießt am meisten den 360-Grad-Rundumblick an Bord eines Bootes. „Das entschleunigt ungemein“, sagt sie. Für eine Frau, die bis zu 45 Tage im Jahr für den Job unterwegs ist, ein wichtiges Argument.

Weniger locker nimmt sie die Kritik der Umweltschützer. „Kreuzfahrten machen gerade mal unter einem Prozent des Schiffverkehrs aus und stehen oft zu Unrecht im schlechten Licht.“ Viele Kritiker wüssten das und spielten mit der Unkenntnis der Verbraucher. Ein gut sichtbares Kreuzfahrtschiff biete eben ein hervorragendes Angriffsziel für Umweltaktivisten. Dabei hat sich TUI Cruises über die gesetzlichen Anforderungen hinaus zu mehr Energieeffizienz verpflichtet.

Nachvollziehen kann Meier die Hilferufe der Orte, die unter zu viel Touristen leiden. Venedig hat TUI Cruises deshalb von Anfang an nicht angefahren. Dem Bürgermeister des kroatischen Dubrovnik stimmt sie zu, wenn er gesteuerten Tourismus fordert. Aber sie sieht den Kreuzfahrttourismus klar im Vorteil – denn der lässt sich eingrenzen. Ganz im Gegensatz zu den Heerscharen von Individualtouristen. Jetzt gelte es, ein Slot-System zu entwickeln, bei dem die einzelnen Reedereien ihre Anlauf- und Ausflugszeiten untereinander und mit den angefahrenen Städten abstimmen.

Wo für sie selbst die nächste Reise hingeht, das bestimmt Wybcke Meier lieber spontan. Vielleicht Segeln mit dem Bruder, Türkische Ägäis. In dem Fall übergibt sie die Verantwortung gern mal jemand anderem. ■

DEUTSCHER HOCHSEE-KREUZFAHRTMARKT IN ZAHLEN UND FAKTEN

Quellen: Studie Hochsee-Kreuzfahrtmarkt, CLIA, DRV

49,6 JAHRE ist ein durchschnittlicher Kreuzfahrtgast alt

TUI CRUISES ist ein Joint Venture der TUI Group und der global tätigen Royal Caribbean Cruises Ltd.

2,19 MILLIONEN Passagiere buchten 2017 20 Millionen Übernachtungen – neuer Rekord

NORDEUROPA und das Mittelmeer sind die beliebtesten Kreuzfahrtregionen

8,85 NÄCHTE an Bord verbringen Reisende im Schnitt

REISEBÜRO AHOI: beratungsintensive Kreuzfahrten werden gern dort gebucht

»Ideen liegen auf der Straße«

Wem nichts will wohl geraten, kann immer noch beraten – von wegen: Rolf-Dieter Lafrenz ist Deutschlands härtester Verlagsberater und hoffnungsvollster Selbergründer

Von Markus Trantow (Text) und Johannes Arlt (Fotos)

ROLF-DIETER LAFRENZ

wird 1967 in Hamburg geboren und studiert Wirtschaftswissenschaften in Vallendar, Barcelona und Los Angeles. Anfang der 90er Jahre heuert er beim Otto-Versand in der internen Unternehmensberatung an. 1996 geht er zu Schickler und wird Geschäftsführender Gesellschafter der Medien-Beratungsgesellschaft. Zwanzig Jahre später gründet er mit dem Geld und unter dem Dach von Schickler das LKW-Startup Cargonexx – mit dem Ziel, Leertransporte bei Speditionsunternehmen zu minimieren

turi2.tv

Den Unterwegs-Fragebogen beantwortet Rolf-Dieter Lafrenz unter: ***turi2.de/edition/lafrenz***

Drei Fernfahrer aus der Türkei sitzen um einen schmalen Campingtisch, essen, trinken, lachen. Keine 50 Meter entfernt führt die A1 von Heiligenhafen nach Saarbrücken und zurück. In dem Streifen zwischen ihren LKW sind die Männer geschützt vor Wind und Sonne, die noch mit einiger Kraft vom Himmel brennt.

Nur kurz muss Rolf-Dieter Lafrenz die Fernfahrer-Romantik stören. Die Männer verstehen zwar weder Deutsch noch Englisch, trotzdem braucht Lafrenz nur wenige Minuten – und einer der Brummi-Fahrer öffnet seinen leeren Laderaum für unser Fotoshooting.

Um genau diese leeren Lastwagen dreht sich bei Lafrenz alles. Mit dem Startup Cargonexx optimiert er seit 2015 Ladungen, damit möglichst kein LKW leer oder halbvoll durch Deutschland fährt. So werde nicht nur CO2 gespart, sondern bei Unternehmen und Spediteuren auch bares Geld, argumentiert er. In der Logistik-Branche ist er ein Neuling. Aber optimieren, das kann er. In Redaktionen und Verlagsverwaltungen können sie davon Opern singen.

Eigentlich ist Lafrenz Hauptgesellschafter der Unternehmensberatung Schickler in Hamburg. Die Beratung von Verlagen überlässt er inzwischen aber weitgehend seinen Partnern. Von seinem Büro aus – beste Lage, nur ein paar Straßenecken vom Hamburger Rathaus entfernt – überzeugt er seit der Startup-Gründung Händler, Industrieunternehmen und Speditionen davon, beim Transport auf die Vermittlung des Newcomers Cargonexx zu vertrauen.

In der Logistikbranche ist Lafrenz ein Neuling. Aber optimieren, das kann er – damit keine LKW leer herumfahren

Hat das noch etwas mit Verlagsberatung und dem Mediengeschäft zu tun, auf das Schickler sich einst spezialisiert hat? Ja, findet Lafrenz – und erklärt die Vermittlung von leerstehendem Frachtraum in Sattelschleppern zur Weiterentwicklung des Rubrikengeschäfts.

Das Geschäftsmodell ist denkbar einfach: Industrieunternehmen melden ihren Transportbedarf online auf der Plattform Cargonexx an, erklären, wie viel Lademeter sie brauchen und wann die Ladung am Ziel sein soll. Das Portal nimmt den Auftrag entgegen und errechnet innerhalb von Sekunden einen Preis. Revolutionär ist das System deshalb, weil es so schnell geht. Bisher brauchte ein Transportauftrag von der Anfrage bis zur Preisauskunft mindestens eine halbe Stunde – und oft zähe Preisverhandlungen.

Wie macht Lafrenz das? „Cargonexx ist ein selbstlernendes System. Wir setzen auf künstliche Intelligenz und Algorithmen, die Angebot und Nachfrage prognostizieren“, sagt der Gründer. Das heißt auch: Wenn der Auftraggeber seine Preisauskunft bekommt und den Transportvertrag mit Cargonexx abschließt, ist längst nicht klar, welche Spedition die Ware von A nach B transportiert. Eigene Lastwagen betreibt das Startup nicht. „Wir gehen voll ins Risiko. Eine Tour wieder abzusagen, kommt für uns nicht infrage“, sagt Lafrenz.

Die Wahrscheinlichkeit, dass sich ein Spediteur für die Ladung findet, ist inzwischen recht hoch: 70.000 LKW sind aktuell für das 40-Mitarbeiter-Startup unterwegs. Das System funktioniert nach dem Flixbus-Prinzip: Unabhängige Spediteure vermarkten über Cargonexx Restkapazitäten und Leerfahrten – vom kleinen lokalen Unternehmer bis zum großen Logistik-Konzern. Für die Vermittlung streichen Lafrenz und Leute eine „branchenübliche“ Marge ein. Die liegt meist zwischen zehn und 15 Prozent des Umsatzes.

„Meine Frau hat mich für verrückt erklärt“, sagt Lafrenz, als er sich an die Anfänge von Cargonexx erinnert. Nach fast 20 Jahren an der Spitze der Unternehmensberatung Schickler wird der Vater von drei Töchtern selbst zum Gründer. Dass seine Idee funktioniert, war keineswegs von Anfang an klar, sagt er. „Selbst heute besteht noch die Möglichkeit des Scheiterns.“ Immerhin hat es von der Idee Mitte 2015 bis zum ersten großen Erfolg im Herbst 2017 mehr als zwei Jahre gedauert. Damals kommt einer der weltweit größten Logistik-Konzerne bei Lafrenz an Bord – für Cargonexx ein Meilenstein, womöglich der Durchbruch.

Pleiten, Pech und Pannen erlebt Lafrenz trotzdem noch genug. Alle zwei Wochen treffen sich die 40 Mitarbeiter und erzählen sich Fuck-up-Stories. Das fängt beim liegen gebliebenen LKW an und hört beim IT-Mitarbeiter, der versehentlich die komplette Datenbank löscht, lange nicht auf. Lafrenz lacht, als er das erzählt. Shit happens.

LKW-VERKEHR IN ZAHLEN

257,7

Millionen Fahrten legen allein deutsche LKW pro Jahr zurück. Das entspricht einer Strecke von 23,7 Milliarden Kilometern

466.000

Deutsche arbeiten im Transportgewerbe

151

Millionen Fahrten sind Leerfahrten. Die Leerkilometer summieren sich auf 6,5 Milliarden

283.200

LKW und Sattelschlepper sind in Deutschland zugelassen

3,1

Milliarden Tonnen wiegen die transportierten Güter

84

Prozent aller Gütertransporte in Deutschland entfallen auf die Straße, 8,2 % auf die Bahn, 5,2 % auf den Schiffsverkehr

Quellen: Bundesverkehrsministerium, „Verkehr in Zahlen 2017/18“, Kraftfahrtbundesamt (Zahlen von 2016)

Die Leerfahrt im Rücken: Rolf-Dieter Lafrenz und Markus Trantow auf dem LKW-Rastplatz

Mit echten Niederlagen tut sich der Gründer trotzdem schwer: „Es ist jedes Mal fürchterlich“, sagt der Mann, dessen Lebenslauf seit Beginn der 90er Jahre einer progressiven Aufwärts-Kurve gleicht. „Das sieht man von außen immer nicht: Aber auch bei Schickler haben wir Initiativen gestartet, die nicht funktioniert haben.“

Ein Rezept für den richtigen Umgang mit Niederlagen kennt er jedenfalls nicht. Und auch seine Vorbilder, zu denen er Silicon-Valley-Größen wie Elon Musk, Steve Jobs und Jeff Bezos zählt, liefern ihm keins. Was Lafrenz an ihnen bewundert, sind Durchhaltevermögen und der Wille, eine Industrie von Grund auf zu verändern. Mit Cargonexx will Lafrenz genau das mit dem Transportgewerbe schaffen. Das Potential scheint riesig: Der Markt der LKW-Logistik hat in Europa ein Volumen von 350 Milliarden Euro.

Dafür braucht Lafrenz Stehvermögen: Anderthalb Jahre lang lässt er den Algorithmus programmieren, versucht, Logistik-Unternehmen für seine Idee zu gewinnen und reist dafür durch halb Europa. Auch heute ist er noch zwei bis drei Tage pro Woche auf Achse. Denn ohne Trucks kein Transport. Die Branche ist konservativ. Spediteure und

»Meine Frau hat mich für verrückt erklärt. Selbst heute besteht noch die Möglichkeit des Scheiterns«

Industrieunternehmen wollen wissen, wem sie ihre Ladung und ihre Fahrer anvertrauen. Erst Anfang 2017, mit 500 Speditionen an Bord, wickelt er die ersten Aufträge ab.

Das Geld für die jahrelange Anlaufphase kommt fast ausschließlich von Schickler – beziehungsweise dem hauseigenen Inkubator. Erst langsam öffnet Lafrenz sich für externe Geldgeber: „Ich habe den Grundsatz, mit Freunden keine Geschäfte zu machen, irgendwann aufgegeben“, erklärt er. Seine begeisterten Berichte über die neue Geschäftsidee habe bei immer mehr befreundeten Unternehmern Investitions-Interesse geweckt.

Einen institutionellen Geldgeber hat er bis heute nicht – trotz umfangreicher Wachstumspläne: 100 neue Mitarbeiter will er bis Anfang 2020 einstellen. Von Dependancen in Frankreich, Spanien und Italien aus in ganz Europa die Brummi-Frachträume optimieren. In Hamburg, wo Cargonexx noch unter dem Schickler-Dach bald aus allen Nähten platzt, steht ein Umzug an: Das Startup bekommt ein eigenes Zuhause.

„Wenn wir jetzt aufhören würden, zu investieren, würden wir Geld verdienen“, sagt Lafrenz. Aber er hat noch zu viele Visionen für unsere Straßen, die Geld kosten: Er träumt von einem Android-Betriebssystem fürs Transportwesen, das Fahrer und Ladung immer auf die günstigste Strecke schickt. Von einer regionalen Zustell-Plattform, die den Weg von Paketboten optimiert.

Je mehr Lafrenz ins Reden kommt, desto schneller sprudeln seine Ideen: Wie wäre es mit einer Redaktion, die den Fahrern via App nützliche Infos aufs Smartphone liefert und als Werbung die Sonderangebote der Raststätten-Wirte entlang der Strecke ausspielt? Die Ideen liegen buchstäblich auf der Straße, schwärmt Lafrenz. Und wundert sich ein bisschen, dass noch kein Verlag darauf gekommen ist. ■

Süchtig nach Pink: Doro Bär mag's farbenfroh.
Auch im eher nüchternen ICE nach Berlin

Zwischen Hass und Herzchen

Als CSU-Staatsministerin für Digitales wird Dorothee Bär im Netz oft kritisiert. Trotzdem fühlt sie sich dort so zu Hause, dass sie sich manchmal Emojis im echten Leben wünscht

Von Anne-Nikolin Hagemann (Text) und Johannes Arlt (Fotos)

Pink scheidet die Geister. Wärmer als Blau, kühler als Rot, mindestens so auffällig wie gelb. Pink stinks, sagen die einen. Pretty in Pink die anderen. Süchtig nach Pink, sagt das Instagram-Profil von Dorothee Bär.

Es ist zehn Uhr morgens. Dorothee Bär leuchtet in pinker Bluse durchs Bahnsteig-Grau. Sie filmt den einfahrenden Zug mit dem Smartphone. Als die Türen aufgehen, lässt sie alle – wirklich alle – vor und steigt als letzte ein. „Beim Einsteigen", wird sie später sagen, „erkennt man oft erst den wahren Menschen." Sie hat erlebt, wie Anzugträger die Ellbogen auspacken, sich zwischen sie und ihre Kinder drängen. Diese Strecke, Bamberg - Berlin: Bär ist sie oft gefahren seit 2002, ihrer ersten Legislaturperiode im Bundestag.

Als sie noch gut fünf Stunden unterwegs war mit Kinderwagen und Maxi-Cosi ihrer Ältesten, war das „ein Gfreck". Übersetzbar aus dem Fränkischen vielleicht am ehesten mit „unnötig viel Mühe". Seit sie nur drei Stunden braucht, fährt sie öfter. Zeit zum Arbeiten, Telefonieren, Posten. Morgen wird sie sich via Twitter ärgern, dass sie trotz Reservierung auf dem Boden sitzen muss. Die meisten werden antworten, dass sie sich ja wohl als letzte beschweren dürfe. In der vorigen Bundesregierung war Bär Staatssekretärin im Bundesverkehrsministerium.

Heute hat es geklappt mit der Reservierung, erste Klasse, Fensterplatz. Sie postet noch schnell den einfahrenden Zug auf Instagram. Seit zwei Tagen ist Dorothee Bär zurück aus dem Familienurlaub an der Nordsee. Das weiß man, ohne ein Wort mit ihr gewechselt zu haben, ein Foto mit Bikini und Sonnenuntergang am Urlaubsanfang, eines mit Sommerkleid und Meerbrise am Ende. Später wird sie noch ein Sehnsuchts-Strandbild aus dem Kabinettsalltag posten, mit Hashtag-Zitat der Band Die Ärzte: #dieseeineliebe. Für die meisten Politiker wäre das erstaunlich privat. Bär sagt entschuldigend, urlaubsbedingt habe sie ihre Follower gerade ein bisschen vernachlässigt.

Facebook ist ein Seniorennetzwerk, auf Twitter sind nur Politiker, Journalisten und Psychopathen unterwegs, das ▸

»Da isst jemand Nutella aus dem Glas. Ich bin so neidisch«

hat sie mal im „Welt"-Interview geäußert. Heute sagt Dorothee Bär, zu Hause fühle sie sich auf Instagram, „das ist ein Wohlfühlbereich, wo die Leute lieber Herzchen verteilen als zu beleidigen". Als sich ihr Vater im Wahlkampf 2009 beschwerte, dass er sie kaum noch zu Gesicht bekäme, empfahl sie ihm, sich bei Facebook anzumelden. Auf Twitter ist sie trotzdem, auch wenn sie bei jedem Tweet schon vorher weiß, „dass 99 von 100 Reaktionen negativ oder beleidigend sein werden".

Egal, was sie schreibt, ob sie ein Bild von der Gamescom postet oder eines aus der ersten Digitalrats-Sitzung: In den Antworten heißt es mindestens einmal, sie solle sich lieber zuerst um etwas anderes kümmern. Aktuell sind das oft Dinge, die sie selbst gar nicht ändern kann, selbst wenn sie wollte: etwa die Wortwahl von Parteikollegen beim Thema Migration. Oder der Breitbandausbau. Dass der in den Zuständigkeitsbereich von Verkehrsminister Scheuer fällt – und sie als Staatsministerin im Kanzleramt nicht viel mehr tun kann, als bei den Kollegen nervend nachzufragen – wird oft übersehen. Bei ihr steht ja Digitalisierung drauf, bei Scheuer nur das sperrige „für digitale Infrastruktur". Schlimm findet Bär das nicht. Schlimm findet sie, „dass man erst über andere Themen reden darf, wenn auch der letzte Einödhof mit einem Gigabit pro Sekunde angeschlossen ist".

Auf einige Angriffe antwortet Bär online sogar, das tun nicht viele ihrer Kollegen. Bei einer Studie zu twitternden Politikern im Jahr 2012, erzählt Bär stolz, habe sie „eine superhohe Reply-Rate gehabt", 60 Prozent ihrer Tweets waren Antworten. Manchmal schickt sie nur ein Smiley. Das zwinkert oft. Ihr Lieblings-Emoticon ist aber Facepalm, das Netz-Äquivalent zu „da kann man sich nur noch an den Kopf fassen." Sie müsse aufpassen, sagt Bär: „Manchmal will ich das automatisch schon in richtigen Gesprächen verwenden."

Seit US-Präsident Trump auf Twitter gegen Staatsoberhäupter und Journalisten pöbelt, werden Berater weltweit nervös, wenn ihr zu Beratender zum Smartphone greift. Und jetzt will auch noch Horst Seehofer mittwittern. Bär winkt ab. Trump, sagt sie, folge sie schon seit ihrer ersten Stunde auf Twitter. „Der hat schon als Unternehmer so viel Mist getwittert, dass klar war, dass er das auch als Politiker tun würde." Jedes Lob an ihn habe er retweetet, besonders, wenn jemand schrieb, dass er ein „great president" wäre. „Verrückt" findet Bär ihn. „Aber auch faszinierend verrückt".

Grundsätzlich ist ihr Emotion auf Politiker-Accounts lieber als sterile Posts, „wo man nicht weiß, ob da der Pressesprecher sitzt oder irgendein Bot." Vor Horst Seehofers erstem Tweet sind „viele in der Partei sehr aufgeregt", sie selbst eingeschlossen. „Ehrlich gesagt bin ich froh, dass ich in den Sozialen Medien angefangen habe, als ich medial noch gar keine Rolle gespielt habe." Bei Seehofer werden von Anfang an alle hinsehen. „Trial and Error ist da nicht. Meine Generation ist ja schon nicht mit den sozialen Medien aufgewachsen, seine erst recht nicht. Da ist das schon ein Wagnis."

Bei allem Trial and Error: Es gibt nur einen Tweet von ihren über 26.000, den sie heute nicht mehr so posten würde. „Weil er sehr unhöflich war." 2011, Fürstenhochzeit in Monaco. Unter den Gästen der damalige Bundespräsident Christian Wulff und Ehefrau Bettina. Die trägt ein beiges Kleid, das ein wenig an eine Kittelschürze erinnert. Bär sitzt bei ihrer Großmutter im Wohnzimmer und tippt: „Verstehe nicht, warum die bildhübsche Bettina Wulff das hässlichste Kleid haben muss." Ihre Oma sagt: „Das kannst du nicht schreiben!" Kann sie, sagt Bär. Ein paar Tage später berichtet die „Bild" über den Tweet. Hätte sie mal auf ihre Oma gehört, sagt Bär heute. Bei Bettina Wulff hat sie sich entschuldigt.

Trotzdem wehrt sie sich bis heute beim Posten gegen die Schere im Kopf. Schließlich wählen Menschen nicht nur eine Partei, sondern immer auch eine Person. „Und da haben sie ein Recht darauf zu wissen, wie diese Person tickt". Eine Auswahl der Dinge, die man sonst noch über Bär wissen kann, wenn man sie nur als Profil kennt: Sie trägt nur High Heels, außer beim Joggen. Sie spielt gerne Computerspiele. Sie klaut ihren Kindern das Lustige Taschenbuch. Sie mag ihre fränkische Heimat und geht dort gern auf Weinfeste. Außerdem hat sie ein Faible für Pink, Glitzer und Chilipulver – und immer eine Gewürzmühle in der Handtasche.

Gestern ist die Mühle in der Handtasche aufgegangen, das Chili war überall. Zur Sicherheit hat sie noch eine in ihrer Berliner Wohnung, eine weitere auf dem Schreibtisch. Aber es ist ja noch nicht einmal Mittag, noch keine Zeit für Chili. Bärs Augen wandern durchs Zugabteil: „Oh Gott, da hinten isst jemand Nutella direkt aus dem Glas. Ich bin so neidisch." Sie hat noch nicht gefrühstückt, aber einen halben Liter Kaffee getrunken. Aus der weißen Thermoskanne, auf die ihr Instagram-Kürzel gedruckt ist: @dorobaer, in Pink, mit Herzchen.

Wer über soziale Medien kommuniziert, tut das nicht nur über Bilder und Symbole, sondern vor allem über Verkürzungen. Ein Wort, ein paar Zeichen beschreiben da oft eine ganze Person. Bär ist schon mit vielen einzelnen Worten beschrieben worden, darunter ▸

DORO BÄR

wird 1978 in Bamberg geboren und wächst im 20 Kilometer entfernten Ebelsbach auf, wo sie heute mit ihrem Mann, dem Hofer Landrat Oliver Bär, und drei Kindern lebt. Abgesehen von einer vierwöchigen Pause sitzt sie seit 2002 durchgehend im Bundestag. Sie ist stellvertretende Generalsekretärin der CSU, Vorsitzende des CSU-Netzrates und wurde 2013 parlamentarische Staatssekretärin im Bundesverkehrsministerium. Auf dem für sie neu geschaffenen Posten der Staatsministerin für Digitalisierung soll sie das Thema im Kanzleramt und über Ressortgrenzen der Bundesministerien hinweg koordinieren

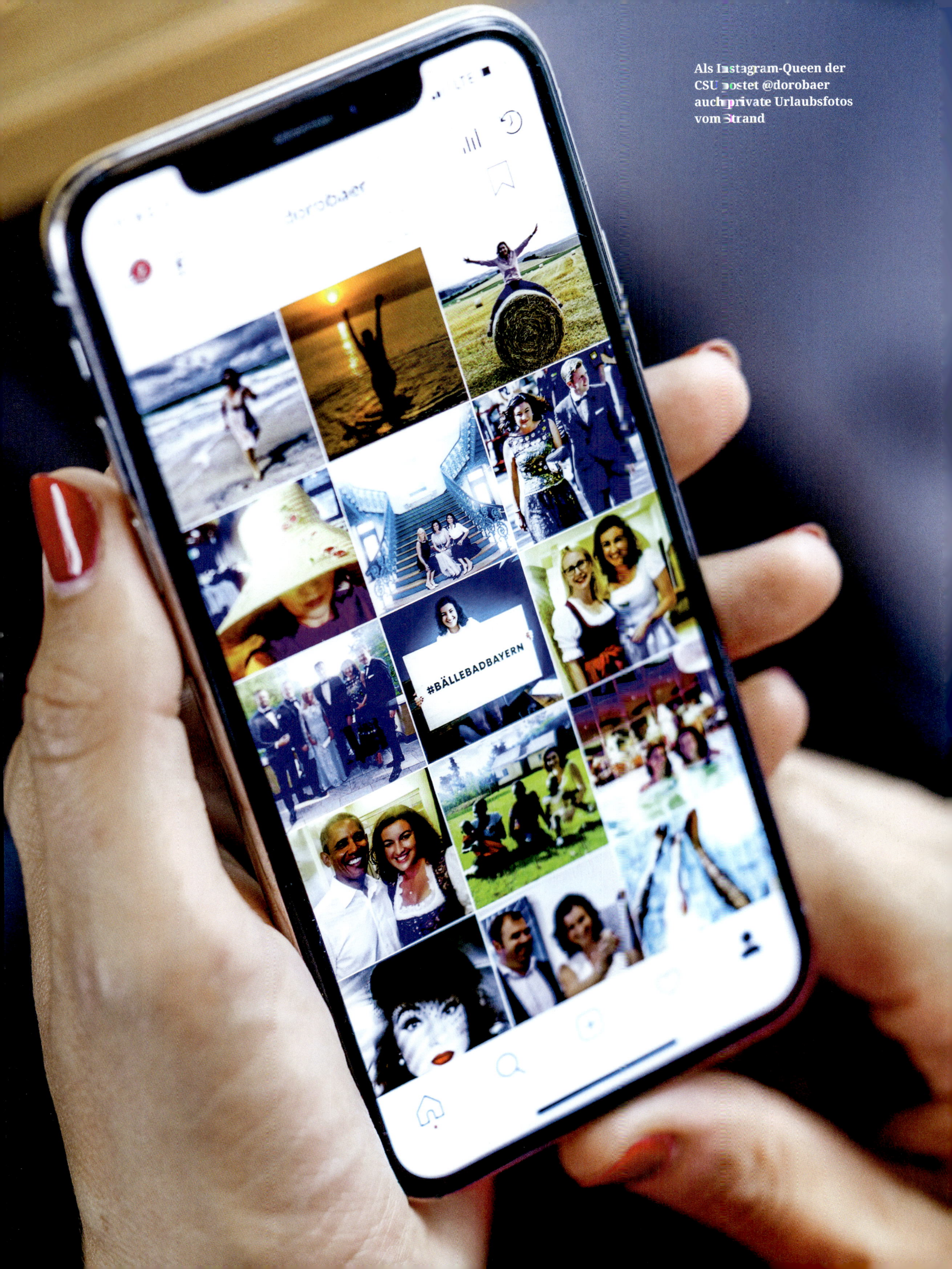

Als Instagram-Queen der CSU postet @dorobaer auch private Urlaubsfotos vom Strand

»Es gibt wenige Menschen, die keine Meinung zu mir haben«

auch einige unfreundliche. „Weinkönigin" und „Twittertussi" kam verächtlich aus der Altherrenriege der eigenen Partei, Roger Willemsen nannte sie in „Das hohe Haus": „substanzschwach, aber selbstverliebt." Bisher habe sie angeblich keine solche Beschreibung verletzen können. „Weil das immer der Versuch ist, mich in Schubladen zu pressen. Und das lasse ich bewusst nicht mit mir machen." Zu oft, sagt sie, solle man sich entscheiden: Bist du so oder so, magst du dieses oder jenes. Für sie geht oft beides. Pink und Feministin. Die Toten Hosen und die Ärzte. Die „Twittertussi" hat sie aufgedruckt auf ein T-Shirt zu Hause. Wenn sie selbst sich auf ein Wort reduzieren müsste, es wäre: positiv. „Nein, Stopp, noch besser: gelassen."

Je älter Dorothee Bär wird, desto weniger hat sie Lust, sich aufzuregen. Sagt sie. Noch weniger, anderen die Genugtuung zu geben, dass sie sie aufregen können. Sie sei eben schon in der Schule jemand gewesen, der polarisiert habe, „es gibt wenige Menschen, die keine Meinung zu mir haben." Und die schwankt zwischen euphorischem Lob und purem Hass. „Aber das ist besser, als dass ich den Leuten wurscht bin."

Ein Wort, das Dorothee Bär auch beschreiben könnte, ist: schmerzfrei. Wenn Satiresendungen und Talks Politiker einladen, ist sie oft die, die von der CSU kommt. Sie hat mit Jan Böhmermann „Wer bin ich?" gespielt und sich dafür unförmige Schirmkappen mit Politikernamen aufgesetzt. Sie hat sich bei Serdar Somuncu angiften und sich bei Benjamin von Stuckrad-Barre von einem Kind Fingerfarben ins Gesicht schmieren lassen. „Bei mir ist die Überlegung immer: Lieber mache ich das, bevor jemand anderes aus meiner Partei hingeht", sagt Bär achselzuckend.

Ein bisschen hat sie auch schon immer Spaß gehabt am Polarisieren, am Provozieren, „Leben am Limit", sagt sie und lacht. Schon in der Schule, als sie mit 14 Jahren, zum erstmöglichen Zeitpunkt, in die Junge Union eingetreten ist. Das ist ungewöhnlich, sogar in Bayern. Auch in der Partei hat sie als junge Frau polarisiert. Wenn es hieß: „Komm mal her, wir brauchen was Nettes fürs Foto", hat sie gesagt: „Ich will auf dieses Foto, weil ich da drauf gehöre." Heute Morgen am Bahnhof, erzählt Bär, hat sie eine Postkarte gesehen und beinahe gekauft. Darauf stand: „Ich brauche keinen Mittelfinger. Ich kann das mit den Augen." Die „rolling eyes" sind ihr zweitliebstes Emoji.

Dass sie auf ein Foto bestehen muss, kommt heute nicht mehr vor. Zur Not macht sie ein Selfie. Inzwischen, sagt sie, ärgere es sie mehr, „wenn sie reine Männerbilder machen und nicht checken, dass es schön wäre, wenn da noch ein paar Frauen drauf wären." Sie spricht nicht davon, aber: Man weiß, dass sie das erste offizielle Bild der Führungsriege des Innenministeriums meint. Horst Seehofer und acht graue Herren im Anzug.

Es kann auch passieren, dass Dorothee Bär für Äußerungen nicht angegriffen, sondern ausgelacht wird – und sich dann später herausstellt, dass ihre Ideen gar nicht so lächerlich waren. „Dann denke ich: Du hättest noch eine Schippe drauflegen sollen, den anderen noch mehr auf den Senkel gehen." Die Flugtaxis sind so ein Fall. Im Antritts-Interview als Staatsministerin im „heute-journal" bei Marietta Slomka waren sie als Symbol gedacht – für mehr Mut zur digitalen Innovation. Die Folge: wochenlang Spott und Häme im Netz. Ein paar Monate später: In Deutschland produzierte Prototypen und Pläne, einen Landeplatz beim Neubau des Münchner Hauptbahnhofes mitzudenken. „Dass es so schnell ging, ist auf der einen Seite cool – auf der anderen wäre es nach einem Jahr noch lustiger geworden", sagt Bär.

Der Zug ist inzwischen auch ohne Propeller am Berliner Hauptbahnhof angekommen. Bär liebt Bahnhöfe, Flughäfen und Hotels, sagt sie. Einfach alles, was mit Reisen zu tun hat. Neulich hat sie mit ihrer Tochter gescherzt, dass sie vielleicht mal Reisebloggerin werden könne, wenn sie irgendwann keine Lust mehr auf die Politik hat. Genug Follower hat sie ja. Jetzt muss sie aber erstmal ins Kanzleramt, über den Ausgang Washingtonplatz. In den letzten fünf Jahren, sagt Bär, habe sie zum Verkehrsministerium immer den gegenüberliegenden nehmen müssen: Europaplatz. Aber seit sie ihr neues Büro hat, ist sie nicht ein einziges Mal aus Gewohnheit in die falsche Richtung gelaufen. Dazu fällt ihr auch gleich eine Studie ein: „Wir Deutschen sind im internationalen Vergleich die, die vor Veränderungen am meisten Angst haben. Aber gleichzeitig auch die, die die Veränderungen am schnellsten annehmen. Witzig, oder?" In ihren ersten Monaten im Amt habe sie diese Studie schon sehr, sehr oft zitiert. Dann läuft sie los. Richtung Kanzleramt. ■

Wie komme ich meiner Zielgruppe so nah, dass sie nur noch Augen für mich hat?
WIR WISSEN, WIE IHRE ZIELGRUPPE TICKT.
WER SEINE ZIELGRUPPE VERSTEHT, GEWINNT KUNDEN. UNSER ERFOLG AM KIOSK BEWEIST UNSER TIEFES ZIELGRUPPENVERSTÄNDNIS. WIR BRINGEN DIE RICHTIGEN INHALTE ZUM RICHTIGEN MOMENT IM RICHTIGEN KANAL. PROFITIEREN SIE DAVON: MIT INDIVIDUELL AUF SIE ZUGESCHNITTENEN CROSSMEDIALEN LÖSUNGEN.
WE CREATE CUSTOMERS.
WWW.BAUERADVERTISING.DE
PRINT
WEB
MOBILE
SOCIAL MEDIA

Baffin Island 2016: Stefan Glowacz und sein Partner Robert Jasper ziehen ihre Ausrüstung über das Eis der Arktis. Ihr Ziel: eine der Big Walls der Insel erstmals zu bezwingen

Als Stefan Glowacz ein Kind war, rief ihn nicht der Berg, sondern seine Mutter trieb ihn nach oben. Heute überwindet er Steilhänge und Eiswüsten – aber seine größte Herausforderung liegt woanders

»Die Kunst besteht darin, das Risiko zu kennen«

Von Heike Reuther (Text) und Klaus Fengler und Thomas Ulrich (Fotos)

»Was ich mir heute denke, müsste gestern schon passiert sein«

Das Starnberger Fünfseenland, eine Bilderbuchlandschaft: sanfte Hügel, grüne Wiesen, saubere Luft. Hier, vor den Toren Münchens, liegt das Basislager von Stefan Glowacz. Er wohnt hier mit seiner zweiten Frau und ab und an ein paar der fünf Kinder, die alle schon studieren oder in der Berufsausbildung sind. Stefan Glowacz verabschiedet sich am Gartentor noch von seinem vorigen Termin; wir geben uns die Klinke in die Hand. Noch kurz ein Telefonat, eine Absprache mit dem Sohn. Familienidylle im Voralpenland. Das totale Kontrastprogramm zu dem, was man sich unter dem Leben eines Extremsportlers und Abenteurers vorstellt: hart, rau, einsam. Berg heißt das Örtchen, in dem er wohnt – immerhin das passt für einen Bergsteiger.

Glowacz lebt in einer Zeit, in der eigentlich jeder Winkel der Erde erkundet ist. Wo finden sich da noch große Abenteuer? Was gibt es überhaupt noch zu entdecken? Und ist der Extremsport nicht längst zu einer Marketing-Veranstaltung verkommen? Stefan Glowacz lässt sich nicht aus der Ruhe bringen. Er hat Höhen und Tiefen durchlebt - und gelernt, wieder heraus zu klettern. Sonnengebräunt, barfüßig, in weißem T-Shirt und petrolfarbener Bermuda gekleidet, steht er tiefenentspannt in seinem Garten, blühende Natur und Bienensummen um ihn herum. Er überlegt einen Moment und antwortet: „Ich würde alles genauso wieder machen."

Hubschrauberpilot, Motorradpolizist – es mögen Jungenträume gewesen sein, doch das Abenteuer-Gen, das steckt schon im Bub Stefan Glowacz, sagt der heute 53-Jährige und lächelt. Die Liebe zum Bergsteigen kam dagegen nicht ganz freiwillig. Glowacz nennt seine Mutter respektvoll „die graue Eminenz". Sie hatte in der Familie das Kommando. Und das lautete: raus bei jedem Wetter, rauf auf jeden Berg. „Spaß war das am Anfang keiner", sagt Glowacz. „Da wurde aus einem angekündigten kleinen Spaziergang schnell mal eine mehrstündige Bergwanderung." Doch waren es genau diese strapaziösen Touren, die für den jungen Glowacz zum intensiven Erlebnis wurden. Die Sehnsucht nach dem Bergsteigen – sie hat sich damals in ihm verankert.

Aufgewachsen ist er im bayerischen Oberau; Garmisch-Partenkirchen, Zugspitze und Alpen quasi vor der Haustür. Mit 13 Jahren macht er den ersten Kletterkurs, mit 17 beginnt er mit dem Freiklettern. „Ich wusste sofort, das ist es. Ab da habe ich alles dem untergeordnet."

Bis heute schwärmt Glowacz über seine Sportart: „Alle meine Sehnsüchte finde ich im Klettern gebündelt: eigene Ziele setzen, selbst aufbrechen und Verantwortung tragen, für mich und meinen Partner. Diese Unabhängigkeit und Freiheit verspüre ich nur beim Klettern."

In seiner Sturm-und-Drang-Zeit klettert er solo und ohne Sicherung. 1989 bricht ein Griff ab. Glowacz stürzt zehn Meter in die Tiefe und kommt mit dem Kopf nur knapp neben einem Fels auf. Ferse und Knie sind gebrochen. Ob er jemals wieder klettern können wird? Glowacz beißt sich durch. Nach zwei Jahren hat er wieder sein altes Niveau erreicht. Viele Jahre später wird er ein Buch veröffentlichen: „Zehn Gebote, um Abstürze zu vermeiden". Da geht es dann aber schon um Erfolgsstrategien für Beruf und Alltag.

Die Fußspuren, in die Stefan Glowacz tritt, sind groß. Luis Trenker und Reinhold Messner sind vor ihm auf die höchsten Berge geklettert, haben Rekorde gebrochen – und sich vermarktet. Glowacz tut das auf seine Weise: „Ich bin Abenteurer und Geschichtenerzähler." Beides beherrscht er gut. Er klettert unter anderem frei an der schwersten Big Wall Brasiliens, geht zweimal auf Expedition ans Ende der Welt nach Baffin Island, unternimmt eine spektakuläre Höhlenbegehung im Oman und durchquert 2018 Grönland von „Coast to Coast". So der Titel der Expedition.

An seiner Seite drei Mann, darunter sein Kletterpartner, ein Fotograf und Kameramann sowie Partnerunternehmen aus der Wirtschaft. „Ohne die finanzielle Beteiligung meiner Partner hätte ich viele meiner Projekte nicht realisieren können." Die Unternehmen sponsern gern, solange der Gegenwert stimmt. Bei Stefan Glowacz wissen sie, dass er stimmt. Er beherrscht die mediale Selbstvermarktung. Der Fotoband zur Tour steht schon in der Verlagsankündigung, als Glowacz noch nicht gestartet ist. Vortrags- und Talkshow-Termine sind im Vorfeld ausgemacht. Durch die sozialen Medien wird er zum eigenen Berichterstatter in Echtzeit. „Früher waren wir darauf angewiesen, dass ein Magazin über uns schreibt und unsere Fotos nimmt. Heute bezahlen wir den Fotografen, haben die Rechte an Bild- und Filmmaterial und verbreiten es über Facebook und Instagram."

Der Selfmade-Man sieht sich selbst immer noch als Mensch, nicht als Marke. Er weiß, dass er privilegiert ist, weil er seine Leidenschaft leben kann: „Es gibt nicht viele, die vom Extremsport ihre Existenz bestreiten können. Die meisten entscheiden sich früher oder später für eine Berufsausbildung." Glowacz hat Werkzeugmacher gelernt. Als er Heim und Familie gründet, baut ▸

STEFAN GLOWACZ

ist Abenteurer, Profi-Bergsteiger und Extremkletterer. Mit 22 Jahren gewinnt er erstmals den Rock Master in Arco; heute zählt er zu den bekanntesten Free-Solo-Kletterern der Welt. 1993 beendet er seine Wettkampfkarriere und widmet sich seitdem den abgeschiedendsten und herausforderndsten Kletterrevieren der Welt. Glowacz ist erfolgreicher Unternehmer, Buchautor und Vortragsredner. Er ist verheiratet mit Tanja Valérien-Glowacz, der Tochter von Sportreporter-Legende Harry Valérien

Vertikale in Grönland 2018: Über dem Abgrund muss Stefan Glowacz seinem Partner voll vertrauen. Etwas, das ihm früher nicht leicht fiel

»Beim Blick in den Spiegel muss ich mich fragen: Was ist mein Anteil am Scheitern?«

er sich ein zweites Standbein auf: Mit seinem Label Red Chili entwickelt und vertreibt er Schuhe, Bekleidung und Ausrüstung für Kletterer.

Vieles, was er beim Klettern lernt, kann er in die Unternehmensführung einbringen. Extremsportlern wird unterstellt, sie seien todesmutig, suchten das Risiko; die Gefahr. „Das Gegenteil ist der Fall“, sagt Glowacz. „Die Kunst beim Bergsteigen besteht darin, das Risiko im Vorfeld zu erkennen. Und es beherrschbar zu machen.“

Weniger beherrschbar ist das Leben an sich. Das musste auch Glowacz erkennen. Als seine erste Beziehung auseinander geht, ist er gezwungen, sein Leben zu überdenken. „Beim Blick in den Spiegel musste ich mich fragen: Was ist mein Anteil am Scheitern? Und was bin ich bereit, zu ändern?“

Stefan Glowacz hat sich geändert. Die Beziehung zu seiner heutigen Frau und die Geburt von Drillingen haben ihn geprägt. „Durch sie erschließt sich mir eine neue Welt. Meine Frau führt mich nach Paris, in die Welt der Mode, zu Ausstellungen. Durch sie bin ich nach Formentera gekommen“ – eine Insel, auf der eine Sanddüne die höchste Erhebung ist. „Das ganze Leben ist Inspiration“, sagt er, man müsse sich nur darauf einlassen.

Und wie verträgt sich eine monatelange Expedition mit einer Beziehung? „Meine Frau und ich werden uns wieder neu kennenlernen müssen. In drei Monaten hat jeder von uns sein Leben gelebt, ohne dass der andere daran hat teilhaben können.“

Glowacz ist Realist und kennt sich gut. Stillstand wäre wohl das Schlimmste für ihn: „Für mich muss immer alles in Bewegung sein. Das tägliche Aufbrechen gehört für mich zum Leben wie die Luft zum Atmen.“ Jeden Tag unterwegs zu sein, abends das Lager an einem anderen Ort aufzuschlagen: das gilt für ihn auf Expeditionen und im Leben. Sein größter Widersacher ist die eigene Ungeduld, sagt er. So ruhig und besonnen, wie er da sitzt, glaubt man es kaum. „Oh doch. Meine Kinder haben das bei den Hausaufgaben leider zu spüren bekommen.“ Genauso Kletterpartner, die Glowacz nicht schnell genug sind. „Was ich mir heute denke, müsste gestern schon passiert sein.“ ■

UNTERWEGS SEIN IST UNSERE BERUFUNG!
Individuelle Mobilität in allen Facetten – mit Leidenschaft und Kompetenz
Auto Bild allrad
Auto Bild
Auto Bild motorsport
Auto Bild sportscars
BIKE Bild
I Hamburg
Auto Bild klassik
Auto Bild reisemobil
auto TEST der Kaufberater
axel springer auto verlag

»Alles mit Technik: Uägh«

Von der Kinderpflegerin zur Führungskraft bei Microsoft: Magdalena Rogls Lebenslauf ist alles andere als klassisch. Sie selbst glaubt, dass sie sich auf ihrem Weg für das Glück entschieden hat

Von Anne-Nikolin Hagemann (Text und Fotos)

Es ist drei Monate her, dass Magdalena Rogls Herz gebrochen war, dass sie geheult hat wie ein Schlosshund. Als sie davon erzählt, mit genau diesen Worten, sitzt sie auf der Café-Terrasse der Goldenen Bar in München in der Sommersonne, den Englischen Garten im Rücken, ihre silbernen Turnschuhe spiegeln das Licht. Sie lacht über ihre theatralische Ausdrucksweise, so herzlich, dass sie dabei die Nase kraus zieht. Vor drei Monaten hat ein Kollege ihr Team verlassen, für einen neuen Job. „Ich wusste, wenn ich ihn festhalte, weil ich ihn brauche, macht ihn das nicht glücklich", sagt Rogl, jetzt wieder ernst, „und gleichzeitig war ich unglaublich stolz auf seine Entwicklung."

In dieser Anekdote stecken drei Dinge, die man über Magdalena Rogl wissen sollte. Erstens: Sie hat keine Angst vor Emotionen. Zweitens: Sie ist jemand, der sich schnell, gerne und fest bindet. Eine „treue Seele" nennt sie das. Drittens: Sie weiß, dass auf dem Weg zum Glück manchmal Veränderungen nötig sind.

Zu den drei Dingen kommen noch drei Zahlen, die in den meisten Texten über Rogl auftauchen – also bringen wir es schnell hinter uns: 24, 4, 30. Mit 24 alleinerziehende Kinderpflegerin. Heute Mutter von vier Kindern und glücklich verheiratet. Stolze Besitzerin von mehr als 30 Paar Sneakers. Und, ganz nebenbei, als „Head of Digital Channels" verantwortlich für die Social Media Kommunikation bei Microsoft, vielgebuchte Speakerin bei internationalen Digital- und Frauenforen, gern gehörte Gesprächspartnerin bei Medienpodcasts, Wirtschaftsmagazinen, Frauenzeitschriften. Nicht selten wird sie dabei zum Postergirl der Vereinbarkeit von Beruf und Familie, des Feminismus, der schönen neuen Arbeitswelt.

Magdalena Rogl stört das nicht. Die Zahlen, die Kinder, die Sneakers – das alles gehöre genauso zu ihr wie ihre berufliche Position, sagt sie. Aber: Sie findet es schade, dass sie noch immer ein Exot zu sein scheint, mit ihrem nicht schnurgeraden Lebenslauf und ihrer Balance zwischen Arbeit und Privatem. Dass da immer ein Hauch „Wie schafft sie das bloß?" mitschwingt. Dass man über etwas staunt, was selbstverständlich sein sollte. Aber das, sagt sie, ändert sich gerade. Es muss sich ändern. „Wir müssen aufhören, Lebensläufe einzustellen und stattdessen um Talente kämpfen."

Rogl hat kein Abitur und war an keiner Universität. Sie ist ausgebildete Kinderpflegerin, ihr Traumberuf seit der eigenen Kindheit. Aber mit einem Kinderpflegerinnen-Gehalt als Alleinerziehende mit zwei Kindern in München leben? Schwierig. Also nimmt sie einen Job als Community-Managerin bei Focus Online an, Moderieren von Diskussionen, Löschen von Beleidigungen. Zunächst als Nebenjob am Abend, nach dem Tag mit den Kindern, den eigenen und den fremden. In dieser Zeit entscheidet Rogl, dass sie eine Veränderung braucht. Und gibt den Job in der Kinderkrippe auf, arbeitet Vollzeit im Community Management, wo sie bald aufsteigt. Warum? „Weil ich so wütend darüber war, wie schlecht es mir ging, dass ich irgendwann einfach beschlossen habe, ab sofort glücklich zu sein."

Magdalena Rogl sagt oft solche Sätze, die man gut auf Postkarten drucken könnte. Aber bei ihr klingen die so authentisch, dass man sich die Postkarten dann auch kaufen und an den Kühlschrank heften würde. Noch so einer: „Man kann sehr bequem liegen in einer Schublade. Aber je länger man liegt, desto schwerer fällt es, sich daraus zu befreien." Sie hatte es sich bequem gemacht in der Schublade „sozial und kommunikativ". In die hat lange alles Technische nicht gepasst. Bei PC-Problemen rief sie ihre Schwester an. Die sei der Technikfreak der Familie gewesen, heute Wirtschafts-Informatikerin mit Doktortitel. Rogl selbst war immer die, die gut mit Kindern kann, die sich kümmert – „aber kompliziertes Denken? Eher nicht so. Und alles mit Technik: Uägh", sagt Rogl und imitiert ein Würgegeräusch. Raus aus der Schublade hat sie es erst geschafft, als sie gemerkt hat, dass sie darin nicht glücklich wird.

Rogl glaubt, dass es in Zukunft nicht mehr nur harte Karriereziele sein werden, die uns antreiben. Nicht mehr: Abschluss, Position, Gehalt. Sondern: Glück. Sie glaubt auch, dass Glück eine Entscheidung ist. Das bedeutet: Die Augen offen zu halten für Chancen, die sich bieten, sich nicht zu lange an einem Ziel festklammern, das man vielleicht gar nicht mehr erreichen möchte. „Als ich in der Schule war, gab es den Beruf Social Media Manager noch gar nicht", sagt sie, „wie hätte ich denn da wissen sollen, dass es mein Traumberuf ist?" ▶

»Man kann sehr bequem liegen in einer Schublade. Aber je länger man liegt, desto schwerer ist es, sich daraus zu befreien«

Menschgewordener Optimismus im bayerischen Sonnenschein: München zieht sich wie ein roter Faden durch Magdalena Rogls Leben

MAGDALENA ROGL

geboren 1985 in München, bricht mit 16 das Gymnasium ab, um eine Ausbildung zur Kinderpflegerin zu machen. In den sozialen Netzwerken ist sie seit mehr als zehn Jahren zu Hause. Bevor sie 2016 als Head of Digital Channels zu Microsoft wechselt, arbeitet sie als Managerin für soziale Medien und Online-Kommunikation bei der Tomorrow Focus AG und als Community-Managerin bei Focus Online. Offline engagiert sie sich vor allem für Chancengleichheit und digitale Bildung

turi2.tv

Den Unterwegs-Fragebogen beantwortet Magdalena Rogl unter: turi2.de/edition/rogl

»Wenn ich etwas nicht weiß oder kann, helfe ich mir selbst. Ich warte nicht ab, wer mich rettet«

In einer Welt, die sich ständig verändert, kann es wichtiger sein, sich an Veränderungen gut anpassen zu können, als sich nur auf die Fähigkeiten zu verlassen, die man irgendwann gelernt hat. „Lebenslanges Lernen", sagt Rogl, „ist mehr als eine Floskel. Eigentlich ist es eine Pflicht." Noch was für die Postkarte. Gelernt hat sie in den vergangenen zehn Jahren vor allem eines: sich auf sich selbst zu verlassen. „Wenn ich etwas nicht weiß oder kann, helfe ich mir selbst. Und mache nicht auf naives, hilfloses Mädchen und warte ab, wer mich rettet." Das gilt für Technisches wie für Karriereentscheidungen.

Zu Microsoft ist sie über eine Freundin gekommen, die von der Arbeitsphilosophie dort schwärmte. Dass die sich mit ihrer eigenen deckt, merkte Rogl schnell: Beim ersten Gespräch, erzählt sie, habe man sich dort vor allem für sie als Person und ihre Art zu denken interessiert. Talent vor Abschluss.

Im Unternehmen ist ihr Team verantwortlich für die Kommunikation über digitale Kanäle. Nach drinnen und draußen, über die sozialen Medien, den Blog, den Newsroom, das Intranet. Sie kümmert sich nicht nur darum, wie sich Microsoft nach außen präsentiert, welche Markenbotschafter gewonnen werden, wie mit Kunden und Öffentlichkeit kommuniziert wird. Sondern auch darum, dass ihre Kollegen sich ebenso für die digitale Kommunikation begeistern wie sie selbst. „Digital Detox", von diesem Begriff hält sie nichts. „Das impliziert ja, dass digitale Kommunikation etwas Giftiges, Schädliches ist. Dabei ist Kommunikation immer positiv." Eigentlich, sagt sie, mache sie heute das gleiche wie früher im Kindergarten: Menschen beim Wachsen helfen. „Wenn jemand in meinem Lebenslauf den roten Faden vermisst, sage ich: Da ist er doch!"

Einen zweiten roten Faden sieht man, ohne dass sie darauf hinweisen muss: München. Hier ist sie aufgewachsen, hier war sie nie wirklich weg, hierhin kommt sie immer gern zurück. In der Mittagspause schlendert Rogl oft über den Viktualienmarkt, da hat ihre Oma früher gearbeitet. Noch heute kann sie nicht am Schmalznudel-Geschäft vorbeigehen, ohne dem Duft von Fett und Zucker nach drinnen zu folgen. Zum Arbeiten sitzt sie gern im Englischen Garten oder auf einer Bank am St.-Jakobs-Platz vor der Synagoge. Ruheoasen mitten in der Innenstadt.

Bei Microsoft gibt es das Prinzip Vertrauensarbeitszeit und -ort. Das heißt: Wenn keine Meetings anstehen, kann Rogl von überall aus arbeiten. Wenn sie in einer Woche 60 Stunden an einem Projekt gesessen hat, kann sie in der nächsten Feierabend machen, wenn die Kinder aus der Schule kommen. Nicht nur im Lebenslauf, auch im Alltag scheint Rogl irgendwie ständig unterwegs zu sein. Bezahlt sie ihre Freiheit also damit, nie irgendwo anzukommen? Im Gegenteil, findet sie. Sie fühle sich überall wohl, wo Menschen sind. Also komme sie auch schnell da an, wo Menschen sind.

Wenn Magdalena Rogl von ihrem Team erzählt, von ihrer Arbeit, tut sie das mit der staunenden Begeisterung von jemandem, der dem allem zum ersten Mal begegnet. Auch, wenn all das seit 2016 ihr Alltag ist. Sie hört dann gar nicht mehr auf zu reden, bis sie sich selbst stoppt, mit diesem Nase-kraus-Lachen. Dass sie sich so begeistern kann, hilft ihr auch an „Jammertagen": Wenn man mal wieder zu wenig Schlaf und viel zu viel Stress abbekommen hat und „das Gefühl bekommt: Die ganze Welt ist gegen einen und sowieso alles scheiße." Sie und ihr Mann, sagt sie, erinnern sich an solchen Tagen gegenseitig daran, wie gut es ihnen geht. An ihr Glück.

Hört man Magdalena Rogl zu, fällt es schwer, sie sich an solchen Jammertagen vorzustellen. Und noch schwerer, dass sie einmal so unglücklich und wütend gewesen ist. Heute wirkt es, als sitze einem der menschgewordene Optimismus in der Münchner Sommersonne gegenüber. Ihren Kindern, sagt Rogl, würde sie nie raten, sich „was Sicheres" zu suchen. „Denn was ist heute schon sicher?" Wenn sie das sagt, klingt das nicht bedrohlich, sondern eher vielversprechend. Als es dann plötzlich zu regnen beginnt, dicke Tropfen aus eben noch weißen Sommerwolken, lacht sie. Mit krauser Nase. ■

Das mobile Gesundheitsnetzwerk mit der höchsten Reichweite.

Print-Reichweite pro Monat:
19,21 Mio. Leser*

Mobile-Reichweite pro Monat:
5,28 Mio. Unique User**

Online-Reichweite pro Monat:
3,23 Mio. Unique User**

Quelle: * AWA 2018, deutschsprachige Bevölkerung 14+, **AGOF daily digital facts 8/2018, Internetnutzer 16+

Apotheken Umschau – Effizienz für Ihre Kampagne.

WORT & BILD VERLAG

MENSCHEN UNTERWEGS

von Anne Fischer

1.000

Flugstunden müssen Berufspiloten vorweisen, die ein Zeppelin fliegen wollen. Weltweit arbeiten mehrere Firmen am Comeback des Luftschiffs als Transportmittel

14.000.000

Deutsche kamen 1945 und 1946 als Vertriebene aus den Ostgebieten nach Deutschland

1538

entwarf der flämische Kartograf Gerhard Mercator eine noch unvollständige Karte der Welt. Zudem führte er das Wort Atlas in der heutigen Bedeutung ein

30

Cent gesellschaftlichen Nutzen erradeln Fahrradfahrer pro Kilometer, errechnete Tourismus-Professor Stefan Gössling – weil es gesund und umweltfreundlich ist. Dieselbe Strecke im Auto kostet die Gesellschaft dagegen 20 Cent

158

Länder kann man mit einem deutschen Pass bereisen, ohne vorher ein Visum beantragen zu müssen. Nur Menschen aus Singapur stehen noch mehr Grenzen offen

1951

verabschiedete der Völkerbund die Genfer Flüchtlingskonvention. Sie definiert, wer als Flüchtling gilt und welche Rechte Flüchtlinge haben

52

Prozent aller Flüchtlinge weltweit sind Kinder unter 18 Jahren

68,5

Millionen Menschen sind weltweit auf der Flucht. Sie fliehen überwiegend vor Krieg, Konflikten und Verfolgung

10,6

Millionen Personen lebten Ende 2017 mit ausschließlich ausländischem Pass in Deutschland

0,57

Quadratmeter Platz hat ein Passagier bei Vollbesetzung auf einem Kurzstreckenflug im Economy-Bereich. Zum Vergleich: Ein Huhn in einer Legebatterie lebt auf 0,55 Quadratmetern

Einundzwanzig

Mal gibt es in den USA ein „Frankfort", also ein anglisiertes Frankfurt. Deutsche waren bis ins 20. Jahrhundert die größte Einwanderergruppe in den USA. Die Vorfahren von Donald Trump kamen aus dem pfälzischen Kallstadt

Quellen: Arton Capital, Bundeszentrale für politische Bildung, Deutschlandfunk, Geo, Handelsblatt Research Institute, Linneaus University Schweden, nationaler-radverkehrsplan.de, Statistisches Bundesamt, Spiegel

»Freiheit ist mehr als ein Instagram-Post mit ausgestreckten Armen«

Martin Moschek, Adobe-Kommunikationschef für Zentraleuropa, hat neben der Cloud noch eine zweite Liebe: das Fahrrad. Mit ihm ist er weltweit unterwegs – und meidet nur Länder, in denen er erschossen werden könnte

Von Anne Fischer (Text) und Thies Rätzke (Fotos)

Fahrradfahren ist eigentlich langweilig", sagt Martin Moschek. Der Mann, der mit dem Rad über 60.000 Kilometer durch mehr als 50 Länder gefahren ist. Moschek sitzt auf der sonnengefluteten Terrasse der Agentur Faktor3 in Hamburg, die für Adobe Zentraleuropa arbeitet. Er ist gut gelaunt und chronisch durchterminiert, ein Videochat passt aber in den Plan. In dem stehen sonst unzählige Meetings, Strategiegespräche und Geschäftsreisen. Und alle paar Monate: geblockte Rad-Zeit.

Reisen per Rad ist für Moschek ein guter Ausgleich zur Businesswelt mit all den Hotels, dem Wichtigsein und dem Status. „Ich brauche den Gegenpool, einfach mal verdreckt im Zelt zu liegen." Oder direkt unter freiem Himmel. Für einen, der beruflich die Kommunikations-Verantwortung für eine der bekanntesten Marken der Welt trägt und ständig zwischen München, London und den USA hin- und herfliegt, ist das ein grundbodenständiger Wunsch. Er beschreibt Moschek gut. Wie er da vor seinem Laptop sitzt, hellbraune Haare und Bart, schwarzes T-Shirt, großes Glas Wasser, wirkt er angekommen. Aussteigerfantasien? Keine. „Ich muss nicht drei Jahre durch die Welt juckeln. Ich bin sehr gern unterwegs, aber auch sehr gern zu Hause und berufstätig."

Glück für Adobe. Moschek arbeitet von Hamburg aus, weitere Europa-Büros gibt es in München, Berlin, Basel, Zürich und London. Moschek betreut gemeinsam mit einer Münchner Kollegin alle Adobe-Clouds: die Creative Cloud für die Kreativen, die Experience Cloud für die Marketer und die Document Cloud mit PDFs und E-Signaturen. Dazu kommt Software, die extra auf die Kunden-Unternehmen zugeschnitten wird und Adobe Stock, anfangs Bildservice, inzwischen auch eine Art Baukasten für Videos und 3D-Animationen. Die „Hausordnung", wie Moschek es nennt, lautet für ihn: immer Schritt halten mit dem Geschehen, News aus Europa und den USA verarbeiten, mit Medien, Kreativen und Influencern in Kontakt bleiben. Und, große Klammer all dieser Aufgaben: die Marketing- und Vertriebsteams unterstützen.

Die Sache ist: 98 Prozent aller Menschen kennen Adobe. Aber alle haben ein eigenes Bild der Marke. Auf nahezu jedem Gerät findet sich Adobe-Software, doch die Unterschiede zwischen PDF-Nutzern, Photoshop-Anwendern und Marketing-Analysten sind groß. Und Moschek muss sie alle erreichen.

Er sucht ständig inspirierende Künstler und Köpfe, die Adobe fördern und auf seinen Kanälen präsentieren kann. „Adobe Live" heißt ein beliebtes Format dazu: Kreative zeigen in einer Art Live-TV-Show über mehrere Stunden, wie sie ein bestimmtes Thema mithilfe der Adobe-Werkzeuge angehen – zum Beispiel Grafic Recording oder Typografie. Moschek sagt, was Adobe baut, helfe Marken und Künstlern unmittelbar, die Digitalisierung für sich zu nutzen und zu beeinflussen.

Am liebsten würde Adobe natürlich allen, die die Kunst-, Medien- und Markenwelten bevölkern, diese unmittelbare Hilfe angedeihen lassen. Deshalb hat das Unternehmen zum Beispiel den Shopanbieter Magento gekauft, für knapp 1,7 Milliarden US- Dollar. ▶

»Ich brauche den Gegenpol, einfach mal verdreckt im Zelt zu liegen«

»40 Kilometer Elberadweg können genauso erlebnisreich sein wie sechs Monate Himalaya«

MARTIN MOSCHEK

wird 1975 in Quedlinburg geboren und beginnt in der Grundschule mit dem Radrennsport – beim BSG Stahl Südwest Leipzig. Später spielt er lieber Fußball und studiert an der Universität Leipzig Politikwissenschaften und Soziologie. Moschek arbeitet zwölf Jahre lang bei der Agentur Faktor3, seit 2016 ist er Kommunikationschef für Zentraleuropa bei Adobe. Moschek lebt mit seiner Frau und zwei Söhnen bei Hamburg. Auf seinem Reiseblog BiketourGlobal (www.biketour-global.de) erzählt er von seinen Radreisen

Die Nutzer haben damit laut Plan keinen Grund mehr, noch andere Software zu nutzen – sie bleiben stets im Adobe-Kosmos. Wirtschaftlich und wettbewerbstechnisch logisch, sagt Moschek. Kritiker entgegnen, dass Adobe so kleine Künstler aus den Augen verliert und sich zunehmend auf Konzerne und Digitalmarkting konzentriert. Moschek will das so nicht stehen lassen. Geht es nach ihm, profitieren gerade die vielen kleinen Unternehmen unter seinen Kunden davon, dass Adobe ihnen genau die Skalierung bietet, die zu ihnen passt. Und wer in Deutschland die anhaltende Bedeutung von Print in Abrede stelle, den widerlegten sowieso alle gängigen Statistiken.

Moschek ist ein versierter Kommunikationsmann. Auf jeden Einwand hat er ein Argument parat, auf jedes Nachhaken eine Antwort. Das zu beweisen – und zwar sich selbst – hat ihn überhaupt erst angestachelt, zu Adobe zu wechseln. Bei der Agentur Faktor3 hatte er nach zwölf Jahren im Unternehmen alle zu sammelnden Lorbeeren in der Tasche. Moschek ist kein Karriere-Hengst, aber ihn treibt eine Frage auf die neue Weide: „Bin ich so gut, wie ich selber denke? Oder habe ich mir nur eine Umgebung geschaffen, in der ich gar nicht mehr daneben hauen kann?“

2016 tauscht er sein eigenes Agentur-Büro gegen ein Leben unterwegs. Alles, was er zum Arbeiten braucht, transportiert er seitdem in einer blaugrauen Laptoptasche und der Cloud. Zu 30 Tagen Urlaub im Jahr kommen etliche Ausgleichstage durch lange Geschäftsflüge. Gut für den radreisenden Moschek: Er nutzt sie so oft wie möglich für Touren. Mit seiner Frau hat er drei Regeln festgelegt. Erstens: Anwesenheitspflicht an Weihnachten und den Geburtstagen der beiden Söhne. Zweitens: alle zwei Jahre eine große Tour. Drittens: „Keine Länder, in denen man erschossen werden kann.“

Aus Nervenkitzel radreist Moschek ohnehin nicht. Mit dem Fahrrad ist er nah an den Menschen und der Natur, aber auch schnell wieder weg. „Es gab einige Orte, wo mir letzteres sehr lieb war.“ Seit 1991 fährt Moschek immer wieder los, auf den ersten Touren noch mit Leistungsgedanken, antrainiert in Kindheitstagen im DDR-Radsportzentrum in Leipzig. Während des Studiums fährt er durch den Himalaya, schafft es nicht rechtzeitig zum Semesterbeginn zurück, entschuldigt sich schriftlich bei seinem Professor. Der schreibt ins Abschlusszeugnis, Herr Moschek sei „kulturell sehr interessiert“. Moschek grinst, so war das damals. Inzwischen misst er keine Kilometer mehr, achtet eher auf Qualität bei der Tourenplanung: „40 Kilometer Elberadweg können genauso erlebnisreich sein wie sechs Monate Himalaya.“

Anfangs, in den 90ern, fährt Moschek mit einem Kumpel aus Schulzeiten. Der verliebt sich unterwegs, die Frau wird schwanger, der Freund sesshaft. Moscheks erste Tour im Alleingang führt durch Westafrika. „Ich wusste selbst nicht, ob das was für mich ist.“ Schnell zeigt sich: Es ist was. Moschek, der in seinem Berufsleben ständig mit Menschen zu tun hat, genießt das wortkarge Reisen ohne Absprachen. „Da ist nichts Esoterisches dran, ich bin einfach gern alleine.“ Einziger Haken: Wer allein durch zig Länder fährt, jahrelang, jahrzehntelang, der vergisst irgendwann einiges. Moschek führt zwar Tourbuch, klassisch auf Papier, wünscht sich aber bald eine Art Denkarium. Also startet er seinen Blog, BiketourGlobal. Eher als eigene Erinnerungsstütze, aber in einer Zeit, in der es kaum ähnliche Blogs gibt. Seine Leserschaft wächst schnell.

Blogger sollten ihre Arbeit nicht verscherbeln und alles kostenlos machen, findet Moschek. Er selbst hat dank Festanstellung keinen Monetarisierungsdruck. „Zum Glück. Ich sehe durch meinen Job, wie die Identität manches Bloggers auf der Strecke bleibt.“ Der 43-Jährige kann sich bei dem Thema richtig in Fahrt reden – die vielen heroischen Buzzwords und die Attitüde „Traveller statt Tourist“ kommen ihm abgehoben vor. Dass Touristen sich für Sehenswürdigkeiten interessieren, sei nur menschlich. Sie sind eben sehenswert. Und den Freiheitsbegriff der meisten Influencer, Hashtags wie #ichchoosefreedom, naja, das hält er sowieso für fragwürdig. Seine DDR-Konditionierung spielt in diese Einschätzung rein, schiebt Moschek hinterher. „Ich habe einen politischen Freiheitsbegriff, der nicht damit abgegolten ist, irgendwo mal drei Monate reisen zu können. Freiheit ist grundsätzlicher, mehr als ein Instagram-Post mit ausgebreiteten Armen.“

Moschek ist keiner der Rad-Religiösen, die in Foren über Insider-Routen philosophieren. Sein nächstes, großes Ziel können trotzdem nur Geografie-Asse aus dem Stehgreif verorten: Gabun. Ein kleines, afrikanisches Land an der Atlantikküste, zwischen Äquatorialguinea, Kamerun und Kongo. Moschek ist durch ein altes Buch über Albert Schweitzer und eines seiner Buschkrankenhäuser darauf gekommen. Außerdem reizt ihn die Aussicht auf sehr wenig Infrastruktur. Und, natürlich: das geringe Risiko, erschossen zu werden. ■

turi2.tv

Den Unterwegs-Fragebogen beantwortet Martin Moschek unter: turi2.de/edition/moschek

Die Scheichs von Dubai testen den Volocopter. Das Flugtaxi soll dort bald so normal werden wie eine Fahrt mit dem Bus

Wer wird denn gleich in die Luft gehen?

Ab auf die Himmelsstraße: Ingenieur und Gleitschirmpilot Alexander Zosel baut mit dem Volocopter eines der ersten Flugtaxis

Von Björn Czieslik (Text)

Eigentlich hat Alexander Zosel totale Höhenangst. Trotzdem ist Gleitschirm-Fliegen seine große Leidenschaft. Ein Freund überredet ihn einst zu einem Schnupperkurs. Schon beim ersten Abheben packt Zosel die Faszination des Fliegens. „Dieses Spiel zwischen negativen und positiven Emotionen hat mich immer sehr fasziniert. Wenn alles total einfach ist, wird es sehr schnell langweilig."

Er macht eine Ausbildung zum Gleitschirm-Fluglehrer, um besser zu werden. Auch eine Lizenz als Tragschrauber-Pilot besitzt er inzwischen. Höhenangst hat er immer noch. Ein Blick von einer Burg oder einem Berg in die Tiefe lässt ihn bis heute schaudern.

Zosel, Jahrgang 1965, feste Statur mit unübersehbarem Tattoo vom rechten Oberarm bis zum Hals, nennt sich selbst Serial Entrepreneur. Ein Serientäter, was die Gründung von Unternehmen angeht. Er gründete eine Werbetechnikfirma und einen Cocktail-Partyservice, war DJ und Producer, Inhaber mehrerer Discos, Gründer der ersten DJ-Schule Deutschlands und besitzt ein Patent auf Nebelverteilungsanlagen für Showbühnen.

Zosel war Gründungsmitglied und Sportdirektor des Basketball-Vereins BG Karlsruhe, hat selbst in der Basketball-Bundesliga gespielt, fuhr beim Snowboard-Weltcup mit und wurde auf dem Skateboard Zweiter bei den Deutschen Meisterschaften. In seinem Büro steht ein S-Pedelec, mit dem er täglich, außer bei Regen, 35 Kilometer ins Büro fährt.

Etwa 2010 kommen die ersten, einfach zu steuernden Spielzeug-Quadrocopter auf den Markt: Flug-Drohnen, angetrieben von vier Propellern. Zosels Jugendfreund Stephan Wolf, beide kennen sich aus der Skateboard-Halfpipe, ist fasziniert. Er überlegt, was er tun müsste, damit Menschen mit diesen

VOLOCOPTER

wird 2012 als e-Volo GmbH gegründet. Nach einem Testflug mit einem selbstgebauten Fluggerät entwickeln Alexander Zosel, Stephan Wolf und Thomas Senkel einen elektrisch betriebenen, senkrecht startenden Multicopter. 2013 sammelt e-volo 1,2 Millionen Euro Crowdfundig-Kapital ein; im Juli 2017 investieren unter anderem Daimler und Tech-Investor Lukasz Gadowski 25 Millionen Euro in die Firma. Seit September 2017 führt Volocopter in Dubai autonome, unbemannte Testflüge durch. Volocopter sitzt in Bruchsal und hat inzwischen rund 100 Mitarbeiter

Fluggeräten abheben können. Wolf, der aus der Software-Entwicklung kommt, rechnet ein halbes Jahr lang hin und her und holt Zosel ins Boot. Ihre gemeinsame Vision: die Liberalisierung des Fliegens. Sie wollen ein Fluggerät entwickeln, das elektrisch betrieben senkrecht startet und genauso kinderleicht zu steuern ist wie die Spielzeug-Drohnen.

Gesagt, getan: Alexander Zosel baut ein Fluggerät aus Aluminiumstangen, Propellern, Elektromotoren und einem Yoga-Ball als Lande-Gestell. Im Oktober 2011 wagen sie den ersten bemannten Testflug. Physiker Thomas Senkel, der Dritte im Bunde, ist Pilot. Der selbstgebaute Multicopter bleibt 90 Sekunden in der Luft und schafft es ins Guiness Buch der Rekorde.

Nun soll aus der Idee ein Produkt werden. Anfang 2012 gründen Zosel, Wolf und Senkel e-volo, den Vorläufer von Volocopter. Die Firma entwickelt den Multicopter VC200. Der ähnelt einem Hubschrauber, hat aber 18 Rotoren statt nur einem. Selbst wenn vier gleichzeitig ausfallen, bleibt der Volocopter noch stabil in der Luft. Neun unabhängige Akkus sorgen für die gesicherte Stromversorgung – und emissionsfreies Fliegen.

Anders als bei einem klassischen Hubschrauber verzichtet Volocopter fast komplett auf mechanische Bauteile. Das verringert die Wartung. Die Steuerung erfolgt rein elektronisch. „Bei uns liegt die Komplexität in der Software", sagt Alexander Zosel. Hoch, runter, rechts, links – wie in einem Videospiel reagiert der Volocopter auf Eingaben per Joystick. Macht der Pilot nichts, hält die Software von alleine Höhe und Position. Mit mehr als 100 Mikroprozessoren ist der VC200 ein fliegender Hightech-Computer.

Zwei Jahre nach dem Jungfernflug hebt der VC200 im November 2013 erstmals in einer Messehalle in Karlsruhe ab. Es vergehen zwei weitere Jahre und mehr als 100 unbemannte Testflüge. Bei turbulentem Wetter lässt Volocopter den VC200 in die Luft gehen und schaltet absichtlich einzelne Motoren oder Akkus aus.

»Wenn ich mit 65 in Rente gehe, sollen mindestens zehn Städte dieser Welt vernetzte Volocopter-Systeme haben«

Im Februar 2016 ist es so weit: Volocopter erhält für den VC200 eine vorläufige Verkehrszulassung als Ultraleicht-Luftfahrtgerät. Auf dem Flugplatz in Bruchsal, dem Sitz der Firma, geht der VC200 am 30. März 2016 erstmals bemannt in die Luft. Pilot an Bord ist Alexander Zosel. Wie „schwereloses Schweben" beschreibt er seinen Erstflug.

Die Testflüge der deutschen Firma sprechen sich bis nach Dubai herum. Als Volocopter bei einer Flugmesse verkündet, dass ihr Elektro-Multicopter auch ganz autonom fliegen könnte, ohne Fernsteuerung oder Pilot, kommt ein Anruf aus dem Emirat am Persischen Golf. Bis 2030 will Dubai 25 Prozent des Personenverkehrs mit Hilfe autonomer Verkehrsmittel abwickeln. Zur Umsetzung dieser Vision vereinbart die Dubaier Verkehrsbehörde mit Volocopter einen fünfjährigen Testbetrieb. Am 25. September 2017 fliegt der Volocopter 2X, der Nachfolger des VC200, vor der Skyline von Dubai erstmals über die Mega-Metropole.

Auch der chinesische Konkurrent Ehang hat in Dubai Testflüge gemacht, doch „Made in Germany" spricht für Qualität. „Ich sage immer: Wir sind die ‚Native Engineers'", so Zosel. Es verwundert nicht, dass mit der Münchner Firma Lilium ein weiterer Flugtaxi-Entwickler aus Deutschland kommt. Und auch die Helikopter-Sparte von Airbus arbeitet im bayerischen Donauwörth an fliegenden Taxis. Trotzdem sagt Zosel stolz: „Wir sehen uns ein bisschen als die Erfinder des Flugtaxis."

Als Digital-Staatsministerin Dorothee Bär bei ihrem Antrittsinterview im „heute journal" davon spricht, dass Flugtaxis genauso zur Digitalisierung gehören wie Breitband, erntet sie Spott und Häme. Zu Unrecht, meint Zosel. „Ich glaube, sie war selbst überrascht von dem Shitstorm. Für Menschen, die sich mit Mobilität auseinandersetzen, sind Flugtaxis einfach Mainstream."

Anfangs hatte Volocopter noch den Verkauf seiner Elektro-Multicopter an flugbegeisterte Privatpersonen oder Flugschulen im Blick. Doch Alexander Zosel denkt inzwischen in größeren Dimensionen: „Das Gerät an Personen zu verkaufen, steht nicht in unserem Businessplan. Wir wollen den Service verkaufen."

Volocopter hat dazu ein Netzwerk-System aus Ports und Hubs entwickelt. Zu den Ports können sich Passagiere bei Bedarf einen Volocopter bestellen oder dort landen. In den Hubs können sie, ähnlich wie in einer Seilbahnstation, kontinuierlich ein- und aussteigen. Dabei werden gleich die Akkus gewechselt, damit der Volocopter sofort weiterfliegen kann. Bei einer Geschwindigkeit von 70 Kilometern pro Stunde schafft der Volocopter 2X derzeit mit einer Akku-Ladung eine Strecke von 27 Kilometern.

Zunächst beginnt Volocopter mit Punkt-zu-Punkt-Verbindungen und konzentriert sich auf Megacities: „Der größte Bedarf für Mobilität ist da, wo am Boden nichts mehr geht", sagt Zosel und denkt zum Beispiel an New York. Gerade dort, wo ohnehin viel gebaut wird, können Städte die Infrastruktur für Flugtaxis „für ein relativ kleines Budget obendrauf setzen".

„Mein persönliches Ziel ist, dass wir, wenn ich mit 65 in Rente gehe, in mindestens zehn Städten dieser Welt solche vernetzten Systeme mit mehreren Ports und Hubs haben." Das wäre 2030.

Flugtaxis sollen aber kein Verkehrsmittel für Reiche bleiben: „Wir sind nicht angetreten, um den Super-VIP-Shuttle mit einem besserem Hubschrauber zu machen." Wenn ein Netzwerk erst einmal aufgebaut ist, soll ein Flug nicht mehr kosten als eine Taxifahrt am Boden. Nur eben ohne Stau. ■

ALEXANDER ZOSEL

wird am 24. Mai 1965 in Ettlingen geboren. Als 15-Jähriger konstruiert er zusammen mit Freunden eine der ersten Skateboard-Halfpipes Deutschlands. Zosel studiert Bauingenieurswesen am Institut für Technologie in Karlsruhe und gründet zahlreiche Unternehmen. Er war DJ und hat mehrere Diskotheken betrieben. Zosel ist Gleitschirm-Fluglehrer und war Gründungsmitglied, Spieler und Sportdirektor des Basketball-Vereins BG Karlsruhe. Er ist Mitgründer und Innovationschef von Volocopter und saß im März 2016 als Pilot an Bord des ersten bemannten Volocopter-Flugs. Zosel ist verheiratet und hat zwei Söhne

Kapitänin im blauen Ozean

Unternehmerin, Mutter, Barbie-Fan und Schwäbin aus Leidenschaft: Sigrun Kaiser, Vorstandsvorsitzende der Blue Ocean AG, ist vieles. Nur die nette Tante wollte sie nie sein

Von von Anne-Nikolin Hagemann (Text und Fotos)

Sigrun Kaisers Erfolgsgeschichte beginnt mit einer Feenprinzessin, die morgens die Blumen wachküsst, abends die Sterne anzündet und so rosa ist, dass man Zuckerwattegeschmack im Mund hat, wenn man sie betrachtet. Sie geht weiter mit einer Maus und einem Elefanten, pardon: mit der Maus und dem Elefanten. Helden zum Zusammenbauen kommen darin vor, Pferde und Dinosaurier, Freundschaft. Und am Ende gewinnen immer die Guten.

Wer nur ein einziges Kind kennt, ist mindestens einem der Protagonisten aus Kaisers Erfolgsgeschichte schonmal begegnet. Sigrun Kaiser ist Vorstandvorsitzende der Blue Ocean Entertainment AG, laut Gesamtverkaufszahlen der IVW Marktführer auf dem deutschen Kinderzeitschriften-Markt. Der Stuttgarter Verlag macht Magazine zu Prinzessin Lillifee, der Sendung mit der Maus, Lego, Playmobil, den drei Fragezeichen. Was-ist-was-Wissenstitel, Comics, Pferde- und Dinosaurier-Hefte gehören auch ins Programm. Die meisten sind Lizenzprodukte einer starken Kindermarke, um die herum Blue Ocean eine passende Zeitschrift entwickelt hat. Insgesamt gibt es 60 regelmäßig erscheinende Titel, dazu Sticker-Serien, Spiele-Apps, Sammelkarten, Schreibwaren.

2005 gründet Sigrun Kaiser den Verlag mit. Im Rücken hat sie acht Jahre als Erzieherin, ein Wirtschaftsingenieurs-Studium und mehr als zehn Jahre Erfahrung in Kinder- und Jugendmedien. Wäre Kaiser ein Mann, hätte man da anerkennend von Nähe zum Markt gesprochen. „Mich hat man mit meinen Ideen einfach oft in diese Nette-Tanten-Ecke geschubst, wo ich mich selbst nie gesehen habe", sagt Kaiser.

Nett wirkt sie tatsächlich. Der schwäbische Zungenschlag, der gerade so durchkommt, dass man die Alb heraushört, kann gar nicht unnett klingen. Besonders, wenn sie mit Kindern spricht, zum Beispiel mit denen von Mitarbeitern, die die Kita am Verlagsgebäude besuchen. Kaiser geht dann in die Hocke und auf Augenhöhe, lacht, fragt nach, was da gerade gespielt wird und ob sie mitspielen darf. Aber wer nur die nette Tante sieht, vergisst: Das ist auch Marktforschung.

Kinderzeitschriften wurden lange nicht ernst genommen; wer Unterhaltung für Kinder anbot, kritisch beäugt. Erst recht, wer auf jedes Heft Produktzugaben klebt, Glitzerschmuck, Detektivausrüstung, meist aus Plastik. Klar, sagt Sigrun Kaiser, ihren kleinen Käufern geht es natürlich erstmal ums Spielen und dann um die Comics. Einen konkreten Bildungsauftrag haben sie bei den meisten Titeln nicht. Aber: „Man muss auch die Werte sehen, die wir den Kindern mitgeben: Hilfsbereitschaft, Freundschaft, Fantasie. Es geht nicht nur um das ABC." Die drei Fragezeichen, die Lego Ninjas, die Freundinnen auf der Horseland-Pferderanch: Sie alle können Bösewichte nur besiegen und Probleme lösen, wenn sie zusammenarbeiten. Und wer die Actionfiguren dazu gleich mitgeliefert bekommt, kann ihnen dabei helfen.

In einem Verpackungsunternehmen eine Autostunde von Stuttgart entfernt gibt es eine eigene Halle für Blue Ocean. Hier steht eine riesige Lego-Konfektionierungs-Maschine, zwei Stockwerke hoch, exklusiv entwickelt für den Verlag, nur für die Produktzugaben der fünf verschiedenen Lego-Titel. Mit den steigenden Auflagen ist es unmöglich geworden, die von Hand zu packen. Bevor die Tütchen auf die Magazine geheftet werden, werden sie hier zusammengestellt: Mitarbeiter füllen die winzigen Einzelteile aus riesigen Kisten schaufelweise in Fächer, dann fallen diese nach vorab programmierter Choreographie durch zwei Trichter. Gerade zum Beispiel: ein gelber Kopf mit verwegenem Grinsen, ein roter Pferdeschwanz-Haarhelm, undefinierbare Einzelteile einer keulenähnlichen Waffe. Daraus wird mal Macy, Teilzeit-Ritterin aus dem Lego-Nexo-Knights-Universum. Im blauen Ozean gibt es nicht nur rosa Feenprinzessinnen. ▶

SIGRUN KAISER

wird 1964 geboren und wächst in Wiesensteig auf der Schwäbischen Alb auf. Mit 16 Jahren macht sie eine Ausbildung als Erzieherin; nach acht Jahren im Beruf studiert sie Wirtschaftsingenieurwesen mit den Schwerpunkten Werbetechnik und Werbewirtschaft. Nach Stationen beim Dino- bzw. späteren Panini-Verlag gründet Kaiser mit ihrem ehemaligen Chef die Blue Ocean AG. 2006 kommt mit „Prinzessin Lillifee" deren erste Lizenz-Zeitschrift auf den Markt. Heute ist Blue Ocean Lizenzpartner von Playmobil, Lego, Schleich, Disney und dem WDR. Seit 2014 hält Burda die Mehrheit der Anteile. Kaiser lebt mit ihrem Ehemann Dieter und den Töchtern Deborah und Antonia im schwäbischen Reichenbach

»Wir haben neun verschiedene Pferdemagazine. Jedes könnte ich in einem Satz zusammenfassen«

Wer ihre Produkte nicht kritisiert hat, hat sie häufig ignoriert. Als vor acht Jahren alle über die neue „Beef!" mit einer Spitzenauflage von 50.000 Exemplaren berichten, verkauft Blue Ocean 150.000 Mal „Prinzessin Lillifee". „Das hat in der Fachpresse niemanden interessiert." Diese Haltung ändert sich gerade: Die Regalflächen, die Kaisers Magazine bekommen, werden größer; sie ist gefragter Gast bei Podiumsdiskussionen und Workshops. Je schwieriger die Print-Zeiten werden, desto mehr interessiert man sich für ein Unternehmen, das weiter wächst. Und das die Zukunft sichert: „Wir sind es ja, die die Kinder zum Lesen auf Papier bringen", sagt Kaiser, „und in Sachen Zielgruppennähe können die meisten Zeitschriftenmarken wirklich von uns lernen."

Wer Kinder als Zielgruppe hat, muss besser sein als Schokolade. Alle Titel bei Blue Ocean tragen sich über den freien Verkauf. Eltern oder Großeltern holen das Geld aus der Tasche, aber die Kinder sind es, die zum Zeitschriftenregal gehen. Das steht im Supermarkt meist vor der Kasse, kurz vor den Quengel-Süßigkeiten. Die meisten müssen sich dann entscheiden: Magazin oder Schokoriegel? Wenn sie sich zum ersten Mal für die Zeitschrift entscheiden, liegt das vielleicht am Gimmick außen auf dem Titel, sagt Kaiser. „Wenn sie es ein zweites und ein drittes Mal tun und die Eltern auf ihrer Seite haben, liegt das am Inhalt."

Nach mehr als 30 Jahren Berufserfahrung mit ihrer Zielgruppe glaubt Kaiser: Die Grundbedürfnisse von Kindern sind gleich geblieben – Gemeinschaft, Wettbewerb, Spannung. Aber ihre Welt wird größer, die Konkurrenz um ihre Aufmerksamkeit härter. „Kinder haben heute Zugang zu einer Flut von Informationen, können mit der Welt kommunizieren", sagt Kaiser, „und kaum ein Kind war noch nie an einem Flughafen."

In ihrer eigenen Jugend auf der schwäbischen Alb konnte sich Familie Kaiser keine Urlaube leisten, war viel zu Hause. Deshalb hat sich Kaiser die Welt zuerst vor die Haustür geholt, in den 80ern in ihrem Heimatort Festivals mit internationalen Bands organisiert. Dann ist sie selbst raus in die Welt, zehn Monate Praxissemester in Atlanta. Es kamen Briefe von Zuhause, in denen stand, wie die Kirschbäume blühen, dass die Kirschen reif werden, wie gut der Kirschkuchen schmeckt. Mit ihnen kam die Sehnsucht. „Da habe ich gemerkt, wie deutsch und wie schwäbisch ich eigentlich bin", sagt Kaiser. Schwäbisch heißt für sie: „Wir sind vielleicht erstmal unnahbar. Aber wenn man uns hat, hat man uns richtig." Heute lebt sie mit ihrer Familie zehn Kilometer von ihrem Geburtsort entfernt, im Geburtsort ihres Mannes, eine Autostunde von Stuttgart.

Wenn die Welt für Kinder immer größer wird, müssen Kinderprodukte darin ein Fixpunkt sein. Kinder müssen wissen, was sie erwartet, damit sie immer wieder zu ihnen zurückkehren. „Wir haben neun verschiedene Pferdemagazine", sagt Kaiser, „jedes mit einem eigenen Konzept. Und jedes davon könnte ich Ihnen in einem Satz zusammenfassen."

Bevor sie die Lizenz für eine Marke kaufen, sagt sie, müssen sie verstehen, was die Kinder daran fasziniert. Wenn sie zum Beispiel Prinzessin Lillifee beschreibt, blonde Feenprinzessin und Einhornbesitzerin mit rosa Kleidchen, sagt sie: „Lillifee soll gar nicht unbedingt hübsch sein." Beim zweiten Hinschauen ist da tatsächlich mehr Pippi Langstrumpf in Pink als Barbie: Die Haare sind kurz und zerzaust, Lillifee ist mit einem Schwein befreundet und trägt auch mal Gummistiefel unterm Rock. „Viel wichtiger ist: Lillifee trägt in jeder Geschichte eine andere Krone. Und hat einen ziemlich wilden Modemix", sagt Kaiser. Der kindliche Blick ist einer ▶

Ein Meer aus gelben Köpfen: Daraus werden Hunderte Lego-Nexo-Ritterinnen. Sie kleben als Gimmick auf Titelseiten

DAS ORIGINAL
ORIGINAL SERVIERT
FÜR ALLE, DIE DAS ORIGINAL LIEBEN.
COKE AUS DER KLASSISCHEN GLASFLASCHE.
CLASSIC
Coca-Cola
CLASSIC
Coca-Cola

Wir geben den Kindern, was sie wollen: Für Sigrun Kaiser sind das Superhelden, Prinzessinnen, Dinos – und jede Menge Lego

auf Details und auf wiederkehrende Muster: Hier ein Glitzerstein mehr am Zauberstab, da ein Running Gag, der schon in der letzten Ausgabe auftauchte.

Sigrun Kaiser glaubt: Männer können besser Hefte für Jungs, Frauen besser die für Mädchen. „Männer können sich in Jungs hineinversetzen, weil sie selbst mal kleine Superhelden waren. Und Frauen wissen meist noch, wie sie früher Prinzessin gespielt haben", sagt sie. Das ist ein bisschen schwarz-weiß gedacht, oder besser: blau-rosa, gehört aber zum Verkaufsprinzip. Dass sie rosa Prinzessinnen-Hefte für Mädchen machen und blaue Superheldenmagazine für Jungen, hat Blue Ocean viel Kritik eingebracht. „Totalen Quatsch und viel zu verkopft", findet Kaiser diese Diskussion. „Wir geben den Kindern, was sie wollen. Und was sie nicht wollen, kaufen sie nicht."

Das Angebot richte sich nach der Nachfrage, nicht umgekehrt. Würden Mädchen rote Magazine wollen, gäbe es sie, sagt Kaiser. „Und aus der rosa Prinzessinnenphase kommen die meisten mit der Zeit von selbst raus, mit oder ohne uns."

Als Beweis für diese These führt sie gern ihre eigenen Töchter an, heute 15 und 12 Jahre alt. Sie sind im und mit dem Verlag aufgewachsen, zwischen rosa und blauen Heften, mal Produkttesterinnen, mal Ideengeberinnen, immer Leserinnen. Die große hat sich nie besonders für Lillifee interessiert, lieber Wissenstitel gelesen und in der Grundschule am liebsten schwarz getragen. Heute spielt sie Fußball und mag Star Wars. Die kleine liebt Rosa, Röcke, Kleider und Pferde, schon immer. Aber als Sigrun Kaiser ihr neulich eine pinkfarbene Haarkreide aus dem Verlag mitgebracht hat, hat sie nach einer schwarzen gefragt.

Als zweites Beispiel sieht Kaiser sich selbst: „Als Kind habe ich Barbie geliebt, wegen ihres Glamours. Und ich bin heute weder oberflächlich, noch magersüchtig, noch unemanzipiert." Ist sie eine Feministin? Nein, sagt Kaiser und schüttelt den Kopf. „Ich bin für eine gleichberechtigte Welt, kämpfe aber nicht aktiv für Gleichberechtigung. Ich mache einfach meinen Job und will in dem ernst genommen werden." Aber vor 20 Jahren, da gab es sie noch: die Vertriebspartner, die lieber mit ihrem Chef verhandeln wollten als mit ihr. Die Meetings, in denen sie überhört wurde und von denen sie eines mit knallender Tür verlassen hat. Die verwirrten Blicke, wenn sie mit der Milchpumpe im Handgepäck geflogen ist, während ihr Mann sich zu Hause um die Töchter kümmerte. Sie überlegt. „Oder bin ich damit eine Feministin? Vielleicht. Emanzipiert, das Wort ist mir lieber."

Sigrun Kaiser wollte lange keine Kinder, „ich wollte lieber meine Freiheit." Das Ehepaar Kaiser hat eine klare Aufgabenteilung: Er ist Hausmann, kümmert sich unter der Woche um die Kinder und geht zu den Elternabenden. Sie macht Karriere. „Ich bin ein Ganz-oder-gar-nicht-Typ", sagt Kaiser. Unter der Woche arbeitet sie manchmal so viel, dass sie nur auf vier Stunden Schlaf im Schnitt kommt – um am Wochenende ganz frei zu sein für die Familie.

Gerade ist sie meist die ganze Woche unterwegs, oft im Ausland. Sie hat große Pläne für Blue Ocean: „Marktführer in Deutschland sind wir schon, jetzt wollen wir es in Europa werden. Auf dem US- und südamerikanischen Markt sind wir auch schon vertreten." Vor kurzem hat Blue Ocean den spanischen Kindermagazinverlag Heinrich Bauer Ediciones übernommen, eine Bauer-Tochter. Sie müsse das nicht tun, sagt Kaiser, vielleicht bedeute das auch alles noch weniger Schlaf. Aber es macht ihr Spaß. Und ein Nachtmensch ist sie sowieso.

Die Idee zum Namen Blue Ocean ist ihr auch in der Nacht gekommen, genauer: in der Nacht vor der Gründung. „Es gibt die Geschichte von den blauen und den roten Ozeanen: Die roten sind voll, Haifischbecken, wo Konkurrenz herrscht ums Fressen und Gefressenwerden. Blutrot. Und es gibt die blauen, wo man weitgehend alleine und entspannt vorweg segelt. Das hat uns gefallen, ein blauer Ozean zu sein." Was klingt wie ein Kindermärchen, ist in Wirklichkeit knallharte Management-Strategie für weltweit erfolgreiche Konzerne. ■

Tallai on Tour

Journalisten und Verkäufer leben auf verschiedenen Planeten. Michael Tallai hat die weite Reise von der einen in die andere Welt gewagt – mit Erfolg und einem speziellen Rezept

Von Tatjana Kerschbaumer (Text) und Markus Burke (Fotos)

Der Hase hoppelt gemächlich vor dem Eingang des Erfurter Flughafens vorbei, nur ein paar Meter von Michael Tallai entfernt. Es ist nicht viel los an diesem sonnigen Montag, nur ein paar Flüge gehen nach Thessaloniki oder Antalya. Meister Lampe läuft keine Gefahr, unter einen Rollkoffer zu kommen. „Sehen Sie", sagt Tallai und muss dann doch grinsen, als der Hase stoppt und ihn nasezuckend mustert: „Das haben Sie nur in Thüringen."

Tallai, 51, dunkler Anzug, „den ich ja leider immer tragen muss", ist nicht etwa gerade gelandet oder hat vor, nach Griechenland oder in die Türkei zu fliegen – Gott bewahre. Er mag es sowieso eher kühl und erinnert sich mit Schrecken an einen vergangenen Thailand-Urlaub, zu dem ihn seine Familie genötigt hatte: „Das war die Härte. Ich bin eigentlich nur von Klimaanlage zu Klimaanlage gerobbt." Nein, Tallai, Geschäftsführer der Mediengruppe Thüringen, zeigt sein Reich. Einen Teil seines Reiches zumindest, einen Teil seiner Geschäftsbeziehungen, könnte man sagen. Hier, am Flughafen Erfurt-Weimar.

Logische Frage: Was hat der Chef der „Thüringischen Allgemeinen", der „Thüringischen Landeszeitung" und der „Ostthüringer Zeitung" mit einem Flughafen am Hut, wenn er nicht gerade für die Business-Class eincheckt? Erst einmal nichts – aber Tallai sieht das ganz anders. Erfurt-Weimar mit seinen vorbei hoppelnden Hasen ist, um es dezent zu sagen, nicht gerade der Hotspot der deutschen Reise- und Luftfahrtindustrie. Entsprechend leer blieben lange Zeit viele Werbeflächen, sie wurden nicht gebucht oder erst gar nicht vermarktet. Seit 2017 sieht das anders aus: Die Mediengruppe Thüringen hat einen exklusiven Vertrag mit dem Flughafen geschlossen und managt jetzt die Außenwerbung. Tallai bleibt zwar bescheiden, einen deutschlandweiten Großangriff auf Ströer und WallDecaux plant er nicht. Aber er hat durchaus Spaß daran, sich am Flughafen auszutoben: „Der Betreiber hat gesagt, wir können sogar den Tower grün streichen, wenn jemand damit werben will." Der Tower ist nach wie vor mausgrau, es gab noch keine Interessenten.

Bis zur möglichen Tower-Bemalung war es ein harter Weg. Als Tallai 2014 zur Mediengruppe Thüringen kommt – damals noch als Verlagsleiter der „Thüringer Allgemeinen" – dümpelt Funkes ostdeutsche Außenstelle vor sich hin. Anzeigenkunden wollen nicht mehr so richtig, Abos gehen zurück, aber vor allem: Langjährige, traditionell gewachsene Kooperationen sind eingeschlafen. In der Medienwelt sagt man nichts Schlechtes über seine Vorgänger, das weiß auch Michael Tallai. Aber er glaubt trotzdem, dass die ehemalige Geschäftsführerin zumindest „etwas zurückhaltend" war. Sie war nicht der Typ für Vereinstreffen oder den Karnevalsumzug, der in Erfurt quasi per

»Wenn jemand damit werben will, können wir sogar den Flughafen-Tower grün streichen«

ungeschriebenem Gesetz superwichtig ist. Und dessen Tickets man verkaufen kann. Es fehlte an Kontakten. Wer einmal in einer ländlichen Region gelebt hat, weiß, dass das so gut wie der Todesstoß ist – egal, ob privat oder geschäftlich.

Funke reagiert. Tallais Vorgängerin geht 2015, offiziell „wegen unterschiedlicher Auffassungen über die strategische Auswirkung des Geschäfts". Eine doch deutliche Ansage. Aus dem Ruhestand wird Klaus Lange reaktiviert, ein Funke-Veteran mit 20 Jahren Mediengruppe-Magdeburg-Kompetenz, der in Erfurt den Laden auf links krempeln soll. Tallai sitzt erstmal auf seinem Verlagsleiter-Sessel und schwitzt. Nur ein Jahr, nachdem er in Frankfurt am Main seinen alten Job bei Dow Jones an den Nagel gehängt hat, um nicht mehr ständig pendeln zu müssen – „mein Rekord im Auto waren acht Stunden für 200 Kilometer. Danach bin ich nur noch Zug gefahren" – steht schon wieder alles auf der Kippe. Könnte gut sein, ▶

Alles im Blick: Mit seinem Dienstwagen ist Michael Tallai in und um Erfurt ständig unterwegs – Kundenkontakte pflegen

dass Langes Aufräumaktion auch ihn erwischt. Dann, Überraschung: Lange will ihn mitnichten rauswerfen. Er macht Tallai zu seinem Nachfolger.

Und der tut als Geschäftsführer das, womit er als Verlagsleiter schon langsam angefangen hatte: Er ist unterwegs. Er schüttelt Hände, redet, besucht, zeigt Gesicht und sitzt plötzlich im Beirat der Thüringer Sporthilfe, dem örtlichen Lions Club und dem staatswissenschaftlichen Forum, wird Erfurt-Botschafter. Sogar in den Karnevalsverein tritt Tallai ein, das kostet ein bisschen Überwindung, wenn man gebürtiger Westfale mit staubtrockenem Humor ist. Heute ist er dort „Senator“, hat die Werbe- und Verkaufsaktivitäten der Narren wieder erfolgreich mit der Mediengruppe Thüringen verbandelt und muss im Winter ein bisschen aufpassen, dass sich Karnevals-Planungs-Termine nicht mit seinem Glühwein-Engagement am Lions-Stand beißen. „Klar schenke ich da persönlich aus“, Tallai guckt verdutzt und rückt etwas pikiert die violette Krawatte zurecht, „sonst kriegt man ja die Schichten nicht voll.“

Na klar: Er macht das alles nicht aus Jux, Tollerei oder Langeweile. Schließlich lebt er mit seiner Frau und seinen zwei Kindern schon lange in Erfurt und war früher in keinem einzigen Verein. Als er noch nach Frankfurt gependelt ist, ging das auch gar nicht, die Familie sah er eh nur am Wochenende, „und dann muss man ja auch mal einkaufen.“ Tut er heute noch höchstpersönlich, im Kofferraum seines Dienstwagens finden sich unter anderem ein Sixpack Orangenlimo, Tomatensoße und eine Schachtel Yogurette. Nein, sein Engagement sollte sich schon für die Mediengruppe auszahlen – immerhin gehen etliche Abende und manches Wochenende dafür drauf. Am leichtesten hat es Tallai noch mit Hope, seinem zehnjährigen Patenkind aus dem Erfurter Zoopark, seines Zeichens ein graues Riesenkänguru. „Das war die beste Werbung, die wir jemals hatten“, sagt er und lacht. 2017 übernahm die Mediengruppe Thüringen die Patenschaft für das Tier, 300 Euro jährlich, und bescherte Funke eine der bestgeklickten Pressemitteilungen des Jahres.

MICHAEL TALLAI

wird 1967 in Bochum geboren, wächst in Schwerte auf und studiert Kommunikationswissenschaften in Bamberg. Zur Wendezeit arbeitet er als „einziger Wessi“ für die DDR-Nachrichtenagentur ADN. Dort steigt er bald zum Landeschef für Mecklenburg-Vorpommern auf, später folgen Stationen als Chef der ddp-Wirtschaftsnachrichten und Vertriebsleiter bei Dow Jones. 2015 wird Tallai Geschäftsführer der Mediengruppe Thüringen

turi2.tv

Den Unterwegs-Fragebogen beantwortet Michael Tallai unter: turi2.de/edition/tallai

Tallais Umtriebe lohnen sich. Er könnte nicht nur den Flughafen-Tower grün streichen, sondern vermarktet auch einen Teil der Werbung im Steigerwald-Stadion, der Arena von Rot-Weiß Erfurt. Die Fußballer kamen von ganz alleine und boten zunächst einen Drei-Jahres-Vertrag für die Namensrechte des Stadions an, „bei dem Betrag bin ich fast vom Stuhl gefallen.“ Man kam dann doch irgendwie zusammen; Tallai verzichtete darauf, das Stadion umzubenennen – „weil die Fans einfach am alten Namen hängen“ – und sorgt stattdessen dafür, dass sie bei Spielen auf Banner von Bäcker Bergmann und Autohaus König schauen. Seit eineinhalb Jahren hat er ein Team, das auf der Messe Erfurt IT-, Lifestyle- und Immobilienschauen veranstaltet. „Wir können bei uns gratis werben, die Vermarktung übernehmen und darüber berichten“ – besser geht's gar nicht, findet Tallai. Auch mit regionalen TV-Sendern gibt es Kooperationen, und geht es nach Tallai, darf in Sachen Bewegtbild noch viel mehr passieren.

Zahlen, naja, Zahlen zu nennen ist immer schwierig, aber: „Wir haben unseren Werbeumsatz im Vergleich zu 2016 deutlich gesteigert, und das schaffen wir auch 2018.“ Sogar die Auflagen der drei Regionalzeitungen entwickeln sich trotz Printkrise passabel. Im Vergleich zu anderen Standorten ist Thüringen für Funke – wieder – so etwas wie eine gemähte Wiese. „Hier sind Sie noch wer“, Tallai nickt, als er mit dem Dienstwagen über den Domplatz von Erfurt kurvt; Flughafen, Stadion und Messe nur einen Hasenhoppler entfernt. Man muss nur ständig daran arbeiten, auch etwas zu bleiben. Auch wenn er sagt, dass er „allein ja schließlich nicht ganz Thüringen abdecken kann“, scheint es ein probates Mittel dafür zu geben: Tallai on Tour. ■

DIE MEDIENGRUPPE THÜRINGEN

gehört zur Funke Mediengruppe und ist der Anzeigen- und Vertriebsverbund der drei regionalen Tageszeitungen „Thüringer Allgemeine“, „Ostthüringer Zeitung“ und „Thüringische Landeszeitung“. In den Bezirken um Erfurt und Gera besitzt die Mediengruppe ein Zeitungsmonopol: Die drei Regionalzeitungen erreichen zusammen täglich rund eine Million Leser – statistisch gesehen also jeden zweiten Thüringer. Unter Chef Michael Tallai setzt die Mediengruppe seit 2015 auch auf neue Geschäftsfelder – zum Beispiel auf die Organisation von Messen, die Vermarktung von Außenwerbung sowie auf Kooperationen mit lokalen TV-Sendern. Ganz nebenbei ist die Mediengruppe mit rund 1.500 Mitarbeitern und 7.200 Zustellern einer der größten Arbeitgeber der Region

Wörterbuch des Reisens

Es gibt nichts Schöneres, als unterwegs zu sein. Oder? Ein Einspruch in 26 Begriffen von A wie Auto bis Z wie Zoll

Von Tatjana Kerschbaumer, Peter Turi (Text) und Peter „Bulo" Böhling (Illustration)

Auto: Der Deutschen liebstes Folterwerkzeug auf dem Weg in die Ferne – mit Wegfahr-Sperre beim Dauerstau am Brenner. Für Anrainer der Ferienrouten ein Alptraum

Billigflieger: Lieblingsfeind aller Klimaschützer. Doch selbst Träger von veganen Birkenstocks werden schwach, wenn sie für 100 Euro mal kurz nach Rom fliegen können

Campingplatz: Zurück zur Natur, mit dem nötigen Komfort, sagt Papi. Alltag unter erschwerten Bedingungen, sagt Mutti. Die Kinder finden's cool – aber nur bis zur Pubertät

Doppelzimmer: Langjährige Paare kennen die Macken des anderen (er schnarcht, sie blockiert das Bad). Frisch Verpartnerten ergeben sich neue, oft ungewollte Einblicke

Erholung: Wird durch Reisen meist eher sabotiert als gefördert. Siehe ▸Auto, ▸Campingplatz, ▸Doppelzimmer, ▸Jetlag, ▸Qualle, ▸Taschendieb, ▸Zoll

Funkloch: Der Horror für leitende Angestellte ohne Urlaus-Abschalt-Vorrichtung und instagram-süchtige Teenager. Wegen W-Lan vom Aussterben bedroht – leider

Google Maps: Hat die vier Quadratmeter große Landkarte „Oberitalien" vom Beifahrersitz verdrängt. Versagt die digitale „Wo-bin-ich"-Funktion im ▸Funkloch, ist der Fahrer verloren

Hotel: In der Ära vor AirBnB der Ort, wo erwachsen gewordene Nutzer des ▸Campingplatzes die Freuden der ▸Doppelzimmer kennenlernen konnten

Impfpass: Dokument, das vor Reisen oft panisch gesucht wird. Wird es tatsächlich gefunden, führt es Versäumnisse in Sachen Gesundheitsvorsorge gnadenlos vor Augen

Jetlag: Verkaterter Zustand nach Interkontinental-Flügen nach Ost oder West. Äußert sich durch Augenringe und fehlende ▸Erholung; soll angeblich mit Champagner kurierbar sein

Koffer: Wichtigstes Gepäckstück für Flugreisende. Ist seltsamerweise bei der Anreise noch komfortabel zu packen, wirkt vorm Heimflug aber jedes Mal wie ein Wal mit Blähbauch

Last Minute: Gerne in Kombination mit einem ▸Billigflieger gebuchte Reise ohne tieferen Sinn und vorab definiertes Ziel. Ganz Mutige wissen erst beim Aussteigen, wo sie gelandet sind

Maut: Belastet Reisende mit ▸Auto vor allem im Süden Europas über Gebühr. Den erhofften Zeitgewinn durch leerere Straßen vernichten Wartestaus am Mauthäuschen

Navi: Funktioniert entweder mit ▸Google Maps oder aufgespielter Software. Hat zwar Papierkarten gekillt, nicht aber beziehungsgefährdende Streits über den richtigen Weg

Odyssee: 2.700 Jahre altes Epos über die Tatsache, dass unterwegs so manches schiefgehen kann. Und dass Geschichten über spektakuläre Reisepannen immer noch die spannendsten sind

Pass: Wird ähnlich wie der ▸Impfpass vor dem Urlaub verzweifelt gesucht. Das biometrische Bild im Innenleben macht fast jeden optisch zum Verbrecher

Qualle: Nesselfreudiger Bewohner des Meeres, der die ▸Erholung im ▸Urlaub deutlich schmälert. Vermiest die Tage vieler Badegäste, die bei Quallen-Alarm das Wasser meiden

Reisebüro: Hält sich wacker, obwohl es in Zeiten von AirBnB auf dem absteigenden Ast ist. Individualreisende meiden es wie die Pest, ▸Last-Minute-Willige sind froh drum

Strand: Der Ort, an dem Socken in Sandalen und Sonnenbrand ungeniert präsentiert werden dürfen. Größere Unannehmlichkeiten drohen lediglich bei der Schlacht um reservierte Liegen

Taschendieb: Ist Mitglied des Lumpen-Proletariats der Tourismus-Industrie, das seinen Teil vom Urlaubs-Kuchen will. Fühlt sich besonders wohl im Gedränge vor Sehenswürdigkeiten

Urlaub: Eigentlich die schönste Zeit des Jahres. Zumindest bis das ▸Auto den Geist aufgibt, der ▸Billigflieger sechs Stunden Verspätung hat und die ▸Qualle zuschlägt

Visum: Ist für Fernreisen meist Vorschrift und hat sich zum Fetisch entwickelt – zumindest unter Vielreisenden, die sich gegenseitig ihre exotischen Stempel aus Timbuktu und Tasmanien zeigen

Wörterbuch: Dicker Wälzer, der bis heute die rudimentäre Kommunikation mit Einheimischen aller Nationen ermöglicht. Nur die wirklich wichtigen Wörter stehen einfach nie drin

X: Buchstabe, den sich Touristen beim Kauf von überteuerten Souvenirs nicht für ein U vormachen lassen sollten. Fällt der Reisende doch darauf rein, freut sich der verhandlungserprobte Verkäufer

Yacht: Schwimmendes Hotel der Reichen, Schönen und Nicht-ganz-so-Schönen. Echte VIPs dümpeln zielgenau vor St. Tropez oder Ibiza, damit Paparazzi ihre Arbeit machen können

Zoll: Fast so beliebt wie die ▸Maut. Erwischt manchen Heimkehrenden kalt am Flughafen, wenn überteuerte Souvenirs noch einmal kräftig Aufschlag kosten

Strand: Der Ort, an dem Socken in Sandalen und Sonnenbrand ungeniert präsentiert werden dürfen

Ein Sommertag am Bahnsteig in Berlin, eine Fahrt nach Frankfurt, eine Frage: Funktioniert die Klimaanlage?

»Ich bin ein Autofan!«

Antje Neubauer stellt bei der Deutschen Bahn die Kommunikations-Weichen. Ein Unterwegs-Gespräch im ICE 279 über die Herausforderung, gute Stimmung zu machen für ein Verkehrsmittel, in dem die schlechte Laune regiert

Von Peter Turi (Text) und Marcel Schwickerath (Fotos)

Antje Neubauer strahlt mit der Berliner August-Sonne um die Wette. Es ist kurz nach acht, als die Marketingchefin der Deutschen Bahn auf Plateausohlen an Gleis 13 des Hauptstadt-Hauptbahnhofs einschwebt. Eine zierliche Person mit energischem Schritt, umhüllt von bester Laune.

Genießen Sie Ihr Leben in vollen Zügen?
Eine sehr doppelbödige Frage! Grundsätzlich genieße ich mein Leben in vollen Zügen. Und wenn ein Zug der Deutschen Bahn voll ist, zeigt das ja, dass die Kunden unser Produkt attraktiv finden und dementsprechend nachfragen. Wenn er aber so überfüllt ist, dass Fahrgäste stehen müssen, dann ist es kein schönes Erlebnis.

Ist der Genuss in leeren Zügen größer?
Nein, auf keinen Fall. Leere Züge mag ich gar nicht, denn dann weiß ich ja: Da ist was nicht in Ordnung, da passen Angebot und Nachfrage nicht zusammen. Außerdem menschelt es da nicht so sehr. Gut gefüllt gefallen mir unsere Züge am besten.

Fahren Sie gern Auto?
Ich bin ein Autofan! Ich war mit 17 Jahren Schülerin in den USA, in Indiana auf dem Land. Ohne eigenes Auto sind Sie da verloren, da gibt es keine S-Bahn, keine U-Bahn, keinen Bus, kein gar nichts. Noch heute fahre ich leidenschaftlich gern Auto – ich höre dabei laut Musik und singe dazu. Und ich telefoniere sehr viel. Ich fahre aber auch gern Fahrrad, und am allerliebsten Bahn. Im Zug bin ich entspannt, dort kann ich schnacken, schlafen, E-Mails checken und arbeiten, Zeitung lesen oder einfach die Seele baumeln lassen. Ich genieße alle Formen der Mobilität – mit einer Ausnahme: Fliegen ist nicht so mein Ding.

Richtig Flugangst?
Das nun nicht. Aber mich nervt das ganze Drumrum: Erst Rausfahren zum Flughafen, anstellen zum Einchecken, Koffer aufgeben, dann erneut anstellen, um in den Flieger zu kommen, dann sitzt man eingequetscht in den Sitzen – und richtige Turbulenzen sind auch nichts für mich. Ich mache das nur, wenn es sein muss.

Und das private Bewegungsprogramm?
Ich reite gern. Ich rudere auf meinem Heimtrainer. Nur Joggen gibt mir nicht so viel, auf das Runner's High habe ich immer vergeblich gewartet.

Die Fotos sind gerade erledigt, als pünktlich um 8.30 Uhr der ICE 279 einrollt. In der Ersten Klasse sind drei Sitzplätze bis Frankfurt am Main für uns reserviert. Eine Zugbegleiterin serviert Kaffee, wir sitzen angenehm kühl.

Wie oft fahren Sie in Zügen, in denen die Klimaanlage ausgefallen ist?
Ich hatte das zweifelhafte Vergnügen erst einmal – und da habe ich echt geschwitzt und gelitten wie meine Mitreisenden auch. Ich war aber

»Mein Großvater hat immer gesagt: Nur wer mutig ist, wird glücklich«

auch begeistert von meinen Kolleginnen und Kollegen an Bord, wie sie diese missliche Situation gemeistert haben. Durch ihren Einsatz haben die noch mehr geschwitzt als wir – und sind trotzdem freundlich geblieben und haben ein offenes Ohr für die gestressten Kunden gehabt.

Früher galt ja die Regel: Die Klimaanlagen der Bahn funktionieren immer – es sei denn, man braucht sie. In diesem Jahrhundertsommer 2018 klappt die Kühlung bestens.
Mein Beitrag war und ist hier gering. Das waren die Bahn-Techniker, die da offensichtlich gute Arbeit geleistet und aus den Fehlern der Vergangenheit gelernt haben.

Was sagen Sie jemandem, der sich über die vielen Verspätungen beschwert?
Da bin ich ehrlich und sage: Ja, da haben Sie Recht. Da müssen wir besser werden, daran arbeiten wir. Die Ursachen sind komplex: Das hat mit Unwettern zu tun, aber auch mit den vielen Baustellen der Bahn. Ich kann nur sagen: Wir arbeiten daran. Dazu gehört auch die Information bei Verspätungen, da sind wir dank unserer Bahn-App, dem DB Navigator, schon viel besser geworden.

Das Negative bleibt länger haften als das Positive. Niemand spricht über Züge, die pünktlich ankommen. Gerade der Deutsche ist ja verwöhnt und nörgelt gern. Wurmt Sie das?
Nein. Ich sehe das Positive! Und ich sehe es täglich, wenn ich mit der Bahn reise. Kürzlich habe ich eine Zugbegleiterin erlebt, die unter hoher Arbeitsbelastung geduldig auf die sehr speziellen Befindlichkeiten einer älteren Dame einging und dabei unglaublich freundlich blieb. Es war mir wirklich ein Bedürfnis, dieser Kollegin meine Wertschätzung mitzugeben. Ich habe einfach gesagt: „Ich bewundere Sie für Ihre große Ruhe, Sie machen einen tollen Job." Daraufhin bekam die Kollegin feuchte Augen vor Rührung. Das hat mich dann noch einmal sehr bewegt. Es gibt so viele großartige Geschichten von der Bahn, die wir erzählen können.

Sind Sie eigentlich familiär vorbelastet? Die Vorliebe für die Bahn vererbt sich ja oft: Ihr oberster Chef Richard Lutz entstammt einer Bahner-Familie. Und auch bei mir kommt die Vorliebe für die Bahn womöglich von meinem Großvater, der Bahnhofsvorsteher in Kleinheubach in Unterfranken war.
Bevor ich 2006 zur Bahn gekommen bin, hatte ich keinerlei Bahn-Bezug. Ich kann mich nicht entsinnen, mit meinen Eltern je Zug ▸

ANTJE NEUBAUER

ist das freundliche Gesicht der Deutschen Bahn, die Gute-Laune-Frau mit der positiven Energie eines Duracell-Häschens. Als Marketingleiterin ist sie Chefin über 130 Mitarbeiter und Herrin über 150 Media-Millionen, mit denen die Bahn jährlich ihre Werbung schaltet. Neubauer wurde 1970 in Gelsenkirchen geboren und studierte Kommunikationswissenschaft und Psychologie in Essen. Für eine RWE-Tochter ging sie nach Osteuropa, bevor sie 2006 zur Deutschen Bahn kam. Heute pendelt sie privat zwischen Düsseldorf und der deutschen Hauptstadt. Privat genießt sie Ausritte mit ihrem Pferd in Großbeeren im Süden von Berlin

»Leere Züge mag ich gar nicht. Dann weiß ich ja: Da ist was nicht in Ordnung«

turi2.tv

Den Unterwegs-Fragebogen beantwortet Antje Neubauer unter: turi2.de/edition/neubauer

gefahren zu sein. Wenn's in den Urlaub ging, haben Papa und Mama meinen Bruder und mich hinten ins Auto gepackt und sind losgefahren. Wir Kinder waren natürlich nicht angeschnallt – es waren andere Zeiten.

Keine Interrail-Phase?
Nein, in dem Alter war ich viel in den USA – und das geht nun mal schlecht mit dem Zug. Danach war ich beruflich sehr viel international unterwegs und bin deshalb geflogen. Ich bin bahntechnisch sozusagen ein Spätzünder.

Wenn wir das Bild der Reise für Ihr Leben nehmen – wo war der Startpunkt?
In Gelsenkirchen, ich bin ein Kind des Ruhrgebiets. Ich bin groß geworden in einem sehr politischen, diskussionsfreudigen Haushalt. Mein Vater war Sozialdemokrat und kaufmännischer Geschäftsführer in mehreren Theatern, meine Mutter war immer berufstätig. Meine Eltern haben mir beigebracht, für das, woran ich glaube, einzustehen. In Diskussionen mit meinem Vater und meinem Bruder musste ich mich schon auf die Hinterfüße stellen, um einen Punkt zu machen. Und mein Großvater hat immer gesagt: „Nur wer mutig ist, wird glücklich."

Ist das Ihr Lebensmotto?
Zumindest habe ich es umgesetzt: Du musst mutig vorangehen, einfach mal ausprobieren! Ich war nie überbehütet, bin mit 17 mit einem Stipendium in die USA gegangen. Und das war damals sehr weit weg.

War es auf Ihrer Lebensreise ein Nachteil, eine Frau zu sein?
Karriere zu machen heißt für jeden – egal ob Mann oder Frau – die Extremeile zu gehen. Und egal, ob als Mann oder Frau, für Karriere braucht man Mut, Energie und ein dickes Fell. Wir Frauen wollen häufiger gemocht werden, weil wir so sozialisiert sind. Wichtiger ist aber, dass man als Frau respektiert und akzeptiert wird. Und es gibt Momente, da ist es sogar von Vorteil, eine Frau zu sein. Ich möchte auch gar kein Mann sein.

Nicht mal für einen Tag?
Nein. Ich sehe nur einen Vorteil fürs Mannsein: Die Männer duschen morgens und nach zehn Minuten sind sie fertig. Ich brauche deutlich länger, das nervt mich.

Wann werden wir das erste Mal eine Frau als Vorstandsvorsitzende der Deutschen Bahn sehen?
Sehr gute Frage. Leider kann ich sie nicht beantworten. Es wird wohl noch dauern. Aber freuen würde ich mich darüber natürlich sehr.

Zum Thema Frauen im Vorstand spricht Antje Neubauer noch ein paar Worte bei ausgeschaltetem Tonband: Leider gehe der Anteil von Frauen im Top Management der Old Economy schon wieder zurück. Was der richtige Weg ist, das zu ändern, weiß Neubauer nicht. Als harte Feministin in Konfrontation zu ihren männlichen Kollegen sieht sie sich nicht. Zu dankbar ist Neubauer früheren und aktuellen Chefs für die Chance, sich zu beweisen.

Sie verantworten das Marketing der Bahn, aber auch die Produkt-PR – warum eigentlich? Früher war das streng getrennt.
Wir brauchten eine zeitgemäße Aufstellung, deshalb haben wir die Abteilungen zusammengelegt. Es geht hier aber nicht um eine Verschmelzung der Aufgabenbereiche, sondern um eine effiziente Zusammenarbeit, auch bei Inhalten.

Heute ist ein breiterer Blick gefragt. Wenn wir größere Kampagnen umsetzen, wie jetzt die Corporate-Kampagne, beginnen wir in der internen Kommunikation, schauen uns die PR an, erweitern über Online, Print, klassische Werbung bis hin zu den Vertriebskanälen. Diese 360-Grad-Marketingkommunikation halte ich für entscheidend, um eine maximale Aufmerksamkeit in unseren Zielgruppen zu erreichen.

Ist die alte Trennung „Werbung ist bezahlt, PR geht über die Bande der Medien" aufgehoben?
Unsere Marktforschung zeigt, dass die Effekte aus Earned und Shared Media…

…also aus Berichterstattung, die Sie durch PR anstoßen, und Inhalten, die digital geteilt werden…
…dass die immer wichtiger werden im Vergleich zu Paid Media, also zur bezahlten Werbung. Und die Zielgruppen-Bedürfnisse werden immer komplexer. Konkret heißt das: Wir haben ein Thema oder eine Botschaft und definieren die Zielgruppen. Wir wählen die geeigneten Kanäle und Formate und definieren die passende Kampagnenmechanik. Die enge Verzahnung von Earned, Shared und Paid Media ist dabei wichtig.

Wieviele Kampagnen fahren Sie pro Jahr?
Eine Menge, rund 150. Davon etwa zehn größere. Und wir haben stark fokussiert.

Was ist Ihr Liebling unter den Kampagnen?
Nico Rosberg als Formel-1-Weltmeister für die Bahn einzusetzen und für die neue Strecke München-Berlin werben zu lassen, war sicher eine ungewöhnliche Idee. Und das hat bestens funktioniert. Auch in diesem Jahr ist Nico bei unserer Corporate-Kampagne unser Markenbotschafter. Er verkörpert moderne Mobilität wie kein anderer und steht für Werte wie Bodenständigkeit und Schaffenskraft – das macht auch die Deutsche Bahn aus.

Was wird wichtiger?
Das, was wir Haltungs-Kommunikation nennen. Unser Spot mit der Muslima, die sich als Medizinstudentin herausstellt, hat sehr viele Menschen in den Social-Media-Kanälen bewegt. Das ist mutig und wichtig. Die Zeiten, in denen wir leben, sind politisch angespannt und oft verwirrend. So viele Menschen sind unsicher. Umso wichtiger ist das Thema Haltung zeigen – im Alltag als Privatperson, im Unternehmen als Mitarbeiter oder Führungskraft und als Unternehmen in der Öffentlichkeit. Für mich geht das damit einher, Verantwortung zu übernehmen.

Es hat Ihnen aber auch Kritik eingebracht.
Wir stellen im Jahr rund 19.000 neue Mitarbeiter ein – denen müssen wir doch zeigen, für welche Werte das Unternehmen steht. Bei der Bahn arbeiten über 100 Nationalitäten, da muss klar sein, dass wir für Multikulturalität und für religiöse Toleranz stehen.

Und es wird ja nicht leichter, neue Mitarbeiter zu gewinnen. Wird Employer-Branding wichtiger?
Absolut. Auch die Deutsche Bahn ringt mit dem Fachkräftemangel. Wir wollen jedes Jahr rund 19.000 Mitarbeiter einstellen, darunter 3.600 Azubis. Das ist eine Menge. Und das in Berufen wie IT-Spezialisten und Ingenieure, von denen es eh zu wenige gibt, sowie für Jobs, die nicht so bekannt sind, wie Fahrdienstleiter oder Gleisbauer. Außerdem sind das Jobs, die gerade bei jungen Menschen nicht so angesagt sind wie andere. Mit der Kampagne „Willkommen, Du passt zu uns" sind wir im vergangenen Jahr neue Wege im Personalmarketing gegangen.

Inwiefern?
Wirklichkeit statt Hochglanz ist unsere Devise. Arbeiten bei der Bahn ist zwar schön und erfüllend, aber eben auch kein Ponyhof. Das haben wir gesagt und gezeigt. Wir haben uns dabei selbstbewusst und offen präsentiert, um so Vertrautheit und Sympathie zu schaffen. Meine Kollegin Kerstin Wagner, die Leiterin Personalgewinnung bei der DB, macht hier mit ihrem Team einen exzellenten Job.

Kurz vor Wolfsburg. Antje Neubauer antwortet schnell und bereitwillig. Nur bei der Frage, ob sie es gut finde, dass die Bahn jetzt wieder staatsnaher geführt wird, dass wieder mehr die Politik das Sagen hat und weniger C02-Emissionen eher das Ziel sind als Gewinne, bittet sie um Dispens. Da könne sie nur verlieren.

Wohin entwickelt sich die Werbung der Bahn?
Wir glauben, dass kein Weg daran vorbeiführt, im Marketing noch stärker mit Emotionalisierung zu arbeiten. Wenn wir uns die Social-Media-Welt anschauen, wird alles emotionaler, vielfältiger und gleichzeitig persönlicher, daher zielgruppenaffiner aufbereitet. Das ist eine Kunst für sich.

Gibt es weitere Trends?
Wir müssen uns auf das Thema Voice einstellen, also Stimme. Die Reduktion von Text durch Alexa und Co. Wenn die Kids nur noch in ihr Handy diktieren und immer weniger tippen und lesen – was heißt das für eine Marke? Was heißt das für ein Unternehmen, wenn der Kunde nicht mal mehr Bilder sieht oder das Logo wahrnimmt? Dann brauche ich ein Soundlogo und eine Stimme, Musik, die unverwechselbar ist.

Sie testen Bahnwagen mit Fitnessrad und Chillzone – kommen die irgendwann wirklich?
Sie meinen den DB-Ideenzug, da sind die Kollegen bei DB Regio sehr aktiv. Die Ideen reichen von Sportzonen über Premiumkabinen zum Arbeiten bis hin zu Public-Viewing-Bereichen und Entspannungs-Abteilen. Für uns ist wichtig, dass solche Ideen rechtzeitig in die Planungen und Ausschreibungen für die Wagen einfließen, die wir in den nächsten Jahren für den Nahverkehr bestellen. Deshalb müssen wir vorausdenken und innovativ bleiben. Dann glaube ich schon, dass wir früher oder später einige der Ideen im Nahverkehr realisieren werden.

Was wurde eigentlich aus den Beauty-Diensten, die Douglas-Chefin Tina Müller anbieten wollte – ist das mehr als ein PR-Gag?
Das ist eine exklusive Kooperation des Fernverkehrs. Und man muss sagen: Es hat zum Beispiel zur Fashion Week in Berlin wunderbar geklappt. In diesem Jahr fährt der Douglas-Beauty-ICE zum Beispiel noch zum Dockville Festival in Hamburg und aufs Münchner Oktoberfest. An Bord kann man sich stylen lassen, also einfach einsteigen und verwöhnen lassen. Auch das ist „Diese Zeit gehört Dir."

Der Messeturm kommt ins Blickfeld, das Reiseziel Frankfurt ist erreicht. Die Zeit ist wie im Flug vergangen. Eine perfekte Fahrt: Keine Signalstörung, kein vorausfahrender Zug, nichts hat uns aufgehalten. Die Lüftung funktioniert bestens, draußen nähert sich das Thermometer den 40 Grad, die Sonne strahlt, das Leben ist schön. Ankunft in Frankfurt Hbf um 12.44 Uhr, pünktlich auf die Minute. ■

»Arbeiten bei der Bahn ist kein Ponyhof«

Sicher behelmt und für alle Pannen gerüstet: Alexander Möller und Peter Turi auf zwei ADAC-Bikes in Berlin

»Eine Kette kriege ich wieder drauf, aber beim Schlauchwechseln lasse ich mir lieber helfen«

Der ADAC will keine Autofahrerlobby mehr sein und Pannenhilfe künftig auch für und mit E-Bikes leisten. Ein Unterwegs-Gespräch mit ADAC-Geschäftsführer Alexander Möller über Mobilität, Marketing und Medien

Von Peter Turi (Text) und Holger Talinski (Fotos)

Treffpunkt Berlin, Unter den Linden 38. Alexander Möller erscheint in bester Stimmung zur Testfahrt der E-Bike-Pannenhilfe des ADAC. Wir bekommen je einen Helm und eine kurze Einweisung.

Kommt die Pannenhilfe des ADAC künftig mit dem E-Bike?
Nicht immer, aber öfter. Und sicher nicht flächendeckend im ganzen Land, sondern in großen Städten mit hoher Staudichte. Aktuell probieren wir das in Berlin und Stuttgart.

Warum?
Wir wollen im Großstadtgewühl mit dem E-Bike noch schneller beim Autofahrer sein. Und wir können künftig auch dem Radfahrer oder E-Biker bei Pannen helfen.

Ich kann den ADAC rufen, wenn mir die Kette runterspringt?
Ob wir eine Radpannenhilfe tatsächlich flächendeckend anbieten, ist noch nicht entschieden. Wir testen das gerade. Ich selbst würde einen Radpannendienst sicher nutzen. Eine Kette kriege ich wieder drauf, aber beim Schlauchwechseln am Hinterrad lasse ich mir angesichts meines technischen Talents doch lieber helfen.

Kritiker könnten diese schönen E-Bikes mit dem gelben Anhänger hier Greenwashing nennen. Ist es nur ein Ökomäntelchen, das Sie sich umhängen?
Nein. Wir sind auf dem Weg vom Automobilclub zum Mobilitätsclub. Das Auto ist und bleibt ein wesentliches Element der Mobilität, in vielen Regionen kann niemand auf ein Auto verzichten. Aber wir haben in den letzten Jahren gelernt, dass es eben nicht reicht, sich ausschließlich auf das Auto zu ▶

konzentrieren. Wir sehen die Evolution der Mobilität um uns herum: Viele Menschen stellen sich ihre persönliche Mobilität individuell zusammen – sie nutzen öffentliche Verkehrsmittel, Carsharing oder das Rad. Ökonomisch betrachtet verbreitern wir als ADAC unser Portfolio Stück für Stück.

Fahren Sie selbst E-Bike?
Nein, ich fahre Fahrrad – mir tut die Bewegung gut.

Fahren Sie noch mit Spaß Auto?
Ja, klar.

Auch in der Stadt?
Nein. Ich arbeite in München, ich lebe in Berlin – das sind beides Städte, in denen du als Autofahrer permanent die Rote Karte gezeigt kriegst. Aber Autofahren über Land ist eine schöne, individuelle Art des Fortkommens. Wenn ich von Berlin aus in unser Ferienhäuschen nach Holland fahre, ist das eine wunderbare Strecke, um auch innerlich dort anzukommen. Dann finde ich Fahren auch viel schöner als Fliegen.

Sozusagen entschleunigen mit dem Auto.
Klingt komisch, ist bei mir aber so.

Und jetzt los. Mit ordentlich E-Schub radeln wir durchs Brandenburger Tor, die Straße des 17. Juni entlang durch den Tiergarten zur Siegessäule. Holger Talinski fährt im offenen Mini-Cabrio nebenher und fotografiert uns.

»Fußgänger, Autofahrer, Radfahrer. Es gibt in allen Gruppen ein paar Deppen«

Radfahren in Berlin ist lebensgefährlich.
Die schlimmen und traurigen Todesfälle der letzten Monate haben das Problem ins Bewusstsein gerückt. Aus der Unfallforschung, die der ADAC betreibt, wissen wir, dass leider die Hälfte der Radunfälle vom Fahrradfahrer selbst verschuldet ist. Wenn man sich an die Regeln hält, sinkt das Risiko deutlich. Aber wir wollen auch konkret etwas tun und nehmen uns schon bald im Rahmen einer Kampagne vor, wieder stärker gegenseitig Rücksicht zu nehmen.

Fehlt's daran?
Absolut. In Städten wie Berlin gibt es teilweise bürgerkriegsähnliche Zustände auf den Straßen. Fußgänger schimpfen auf Autofahrer, Autofahrer auf Fußgänger – und beide zusammen auf die Radfahrer. Dabei sind die meisten von uns situativ doch sowohl Auto- als auch Radfahrer und Fußgänger. Aber wir wissen: Es gibt in allen Gruppen ein paar Deppen.

Das Prinzip „jeder ein eigenes Auto" ist am Ende, Innenstädte stehen vor einem Verkehrskollaps. Vielen Menschen reicht Car-Sharing oder ein E-Bike. Ist das eine Zielgruppe für den ADAC?
Sicher. Allerdings wird das eigene Auto noch viel länger relevant bleiben als manche heute vielleicht denken. Aber richtig ist eben auch, dass wir attraktive Angebote für Menschen ohne Auto machen müssen und machen möchten. Der ADAC hat heute 20,4 Millionen Mitglieder – bei 43 Millionen Führerscheinbesitzern. Da ist also noch Luft nach oben.

Ist der ADAC nicht länger die Autofahrer-Lobby?
Doch natürlich, das sind und bleiben wir. Aber noch mehr sind wir künftig der kompetente Mobilitätshelfer. Das ist ein Transformationsprozess, in dem wir zugegebenermaßen noch ziemlich am Anfang stehen. Wir weiten den Blick bewusst über den Autobesitzer hinaus: Wir möchten nicht nur als Pannenhelfer wahrgenommen werden, sondern als Vermittler von Mobilität. Wir fragen uns: Wo ist der Platz des ADAC in der Mobilitätswelt von morgen? Ausgeschlossen ist da nichts.

Nennen Sie ein Beispiel?
Okay, ein mutiger Gedanke: In ein paar Jahren werden alle selbstfahrenden Autos, Busse und Taxis Signale senden. Diese Daten können und müssen intelligent gemanagt werden, um den Verkehr flüssig zu halten: Wo fahren die Fahrzeuge dann lang? Vielleicht ist der ADAC da ja mit einer Lösung am Start.

Warum sollte ich als Radfahrer oder Carsharer in den ADAC eintreten?
Auch als Tourist, Versicherter oder in der Rechtsberatung hat man als ADAC-Mitglied eine Menge Vorteile. Diese Attraktivität jenseits der Pannenhilfe auszubauen, ist der Schlüssel für den Erfolg des ADAC der Zukunft. Das Ziel ist, dass 2020 jemand ohne eigenes Auto genauso gern beim ADAC ist wie ein Autobesitzer. Das Ziel ist auch, über eine zentrale ADAC-Plattform alle Mobilitätsbedürfnisse abzudecken.

Daran arbeitet auch Ihr Rivale, die Deutsche Bahn.
Die Bahn ist nicht unser Rivale. Wir bedienen unterschiedliche Bedürfnisse. Die Deutsche Bahn ist ein Verkehrsunternehmen mit Zügen, Bussen und neuen Ideen wie dem Service Ioki. Eine umfassende Mobilitäts-Plattform ist sicher das dickste Brett, das man digital bohren kann. In Deutschland gibt es mehr Bahn-Hasser als Autogegner – hierzulande überwiegt die Liebe zum eigenen Auto. Wir glauben aber, dass wir diese Autofreunde mit einer umfassenden App dazu bekommen, auch die öffentlichen Verkehrsmittel und E-Bikes zu nutzen. Eine Plattform zu schaffen, die unsere 20 Millionen Mitglieder vielleicht auch untereinander vermittelt und ihnen alternative Verkehrsmittel nahebringt, ist mühevoll – aber auch ein lohnenswertes Ziel.

Foto- und Videostopp vor dem Brandenburger Tor. Kinder und Väter zeigen mit dem Finger auf das E-Bike mit dem gelben ADAC-Anhänger. Jens Twiehaus, der das Video zu unserem Gespräch drehen soll, ist im Touristentrubel noch nicht zu sehen.

Muss der ADAC seinen Markenkern verändern?

ALEXANDER MÖLLER

verantwortet als Geschäftsführer beim ADAC unter anderem die Bereiche Mitgliedschaft, Verkehr und Tourismus sowie Kommunikation, Marketing und Strategie. Außerdem vertritt der Anwalt, der 1973 in Köln geboren wurde, die Interessen des Mobilitätsclubs als Lobbyist in Berlin. Er kommt von der Deutschen Bahn, wo er sich bis 2015 ums Busgeschäft kümmerte

turi2.tv

Den Unterwegs-Fragebogen beantwortet Alexander Möller unter: turi2.de/edition/moeller

„Der ADAC wird nicht unmittelbar mit Erotik verbunden", sagt Alexander Möller. Die Dame im Hintergrund sieht das offenbar anders

Im Gegenteil. Der Markenkern des ADAC ist das unerschütterliche Vertrauen, das uns entgegengebracht wird. Das müssen wir nicht verändern, sondern stärken.

Das Vertrauen kommt von der Pannenhilfe. Die wird bei modernen Autos doch immer seltener gebraucht…
Das denkt mancher – ist aber falsch. Es gibt mehr Pannen als jemals zuvor.

Mein Gefühl ist, dass Autos seltener liegen bleiben.
Das Gefühl haben Sie so lange, bis Sie mal näher in den ADAC hineinschauen. Ich habe früher genauso gedacht wie Sie. Die Statistik sagt: Das einzelne Mitglied hat alle sechs Jahre eine Panne, das sind rund vier Millionen Pannen pro Jahr. Dazu kommt: In einer Welt, die immer unsicherer erscheint, brauchen die Menschen das Gefühl, in ihrem Alltag schnell auf Hilfe zugreifen zu können. Von daher ist und bleibt die Pannenhilfe unsere wichtigste Kernleistung. Insgesamt rund 2.000 ADAC-Mitarbeiter arbeiten in der Pannenhilfe.

Was ist heute die typische Panne: Elektronik kaputt?
Nein, es gibt zwei Hauptursachen für Pannen: erstens Batterie, zweitens Reifen. Also zwei sehr analoge Gründe.

Alexander Möller kramt im gelben Anhänger das Quittungsbuch der Panneneinsätze heraus. Auf den verbliebenen Durchschriften ist deutlich zu erkennen: Starthilfe und Reifenpannen überwiegen als Einsatzgrund.

Der damalige Pressesprecher Michael Ramstetter hat den Ruf des ADAC mit freihändig manipulierten Autowahlen 2014 schwer beschädigt. Wie konnte das passieren?
Ich bin 2015 zum ADAC gekommen. Und habe damals festgestellt: Es war offensichtlich die Hybris von Einzelnen. Wichtig war, dass es offenbar ADAC-Mitarbeiter selbst waren, die gesagt haben: Es reicht, so geht das nicht.

Die Informationen an die „Süddeutsche Zeitung" kamen also von ADAC-Mitarbeitern?
Da fragen Sie am besten die beiden Autoren Uwe Ritzer und Bastian Obermayer. Aber es liegt ja schon relativ nahe. Heute würde es keine Woche dauern, bis so ein Fehlverhalten intern gemeldet würde. Die Bedeutung der ganzen Affäre nach innen war noch größer als die Wirkung nach außen.

Was haben Sie aus der Affäre gelernt?
Welch großes Vertrauen die Mitglieder in den ADAC haben. Denn erstaunlicherweise hat sich die Affäre kaum auf die Mitgliederentwicklung ausgewirkt. Wir hatten 2014 kurzzeitig eine Delle im Wachstum, haben aber schnell wieder aufgeholt. Nur wenige Tausend Mitglieder haben wir im Krisenjahr verloren. Seitdem legen wir jedes Jahr netto um rund eine halbe Million neue Mitglieder zu und haben aktuell so viele wie niemals zuvor.

Zurück beim ADAC Unter den Linden 38, das Gespräch geht weiter im Chefbüro. Wir sind froh, das Gewühl in Berlin-Mitte unfallfrei überstanden zu haben – und ohne Panne.

Thema Kommunikation, für die Sie ja auch zuständig sind: Sie machen neuerdings Video-Spots, bei denen junge Leute ihre Eltern bei Sex-Spielchen stören, wenn sie bei Pannen diese statt den ADAC anrufen. Ziemlich gewagt für eine konservativen Institution wie den ADAC, der 115 Jahre alt ist, oder?
Die beiden, die die #dontcallmom-Kampagne beim ADAC verbrochen haben, sind ja namentlich bekannt: ▶

Bitte nicht stören: Mit einer ungewöhnlichen Kampagne wirbt der ADAC dafür, bei Fragen zum Auto lieber ihn statt der eigenen Eltern zu kontaktieren. Die haben vielleicht gerade Sex

Unser Kommunikations- und Marketingchef Christian Garrels und ich. Unsere Vorstellung von Kommunikation ist, dass sie das abbilden sollte, was der Absender tatsächlich Relevantes leisten kann – und dass sie das mit Irritation verbindet.

Irritation, um für Aufmerksamkeit zu sorgen?
Klar, auch. Der ADAC wird ja nicht unmittelbar mit Erotik verbunden.

Außer jemand hat ein erotisches Verhältnis zum Auto.
Objektophilie habe ich jetzt mal außen vorgelassen. Wir waren der Meinung, mit den Spots können wir auf humorvolle Weise transportieren, dass junge Leute ihre Eltern bei Pannen nicht stören sollten, sondern lieber uns, den ADAC. Das hat ausgezeichnet funktioniert. Die beiden Kampagnenflights hatten Millionen-Reichweiten, die Spots sind bei YouTube viral gegangen, wir hatten fast nur positive Resonanz – und lediglich eine Handvoll negativer Rückmeldungen.

Was ist Ihre Kommunikationsstrategie?
Sie haben ganz richtig gesagt, dass wir als konservative Institution wahrgenommen werden – das ist übrigens nicht das Schlechteste, was einem passieren kann. Natürlich ist der ADAC bei der jungen Zielgruppe nicht unmittelbar sexy. Weil die Generation der Babyboomer langsam auf die Rente zugeht, müssen wir was tun. Dabei setzen wir einen klaren Akzent auf Social Media. Der zweite Kampagnenflight hieß „Don't travel with Mom" und hat dezidiert auf unsere Angebote und Services zum Thema Urlaub und Reise hingewiesen. Das hat in der Zielgruppe perfekt funktioniert.

Klassische PR und herkömmliche Werbung funktionieren immer schlechter. Welche Konsequenzen ziehen Sie daraus?
Wir sind in einem vorrevolutionären Zustand! Wir wissen, dass ein digitaler Wandel stattfinden muss. Deshalb bauen wir unsere Kommunikation seit geraumer Zeit von Grund auf neu auf. In den kommenden ein bis zwei Jahren wird sie nochmal ganz anders aussehen. Wir setzen noch viel stärker als heute auf Digitales und bauen auf die Verbundenheit der Mitglieder zum ADAC. Wir twittern, bloggen und snapchatten, sind bei Instagram aktiv und haben eine ADAC Community aufgebaut, die sehr gut läuft – aber das alles ist erst der Anfang. Die eigentliche Revolution steht noch bevor.

Und wie sieht die Revolution im Digitalen aus, die Sie hier ausrufen?
Wir werden ein Digitalangebot schaffen, das für alle Mitglieder – aber insbesondere für die jungen – die Startseite jeder Mobilitätsfrage ist.

Also die Super-App.
Ob es eine App, ein Online-Angebot oder eine andere Plattform ist, weiß ich noch nicht. Natürlich wird es weiter Spezialangebote für Freunde des Motorsports oder von Oldtimern geben. Aber wir müssen unsere Leistungen leichter zugänglich machen und bündeln. Auf keinen Fall werden wir so einen Quatsch machen wie Youngster-, Family- oder Kids-App.

Und Print?
Print muss sich verändern. Ich glaube weiter an bedrucktes Papier, aber nicht mehr an ein Print-Massenprodukt.

Was wird dann aus der „Motorwelt"?
Wir müssen hochwertiger sein, noch relevanter...

...und seltener? Sie erscheinen zehnmal im Jahr.
Wir haben ein Kostenproblem: Mit 20,4 Millionen Mitgliedern und einer monatlichen Auflage von 15 Millionen sind wir größter Einzelkunde der Deutschen Post – und die hat faktisch ein Monopol. Das macht uns ökonomisch zu schaffen, und das kann nicht so bleiben.

Das heißt: Man könnte die „Motorwelt" hochwertiger machen – aber seltener herausbringen?
Wir sind inhaltlich viel besser unterwegs als vor fünf Jahren. Chefredakteur Martin Kunz und sein Team machen einen tollen Job. Sie haben dem Magazin mehr Relevanz gegeben und eine moderne Bildsprache entwickelt. Wir müssen aber noch besser werden. Und wenn ich an der Tankstelle vor dem Printregal stehe, sehe ich, dass es eine Lücke gibt für ein anspruchsvolles Magazin zum Thema Mobilität. Es wäre doch schön, wenn wir die füllen würden. ■

ADAC

ist der Allgemeine Deutsche Automobilclub e.V. und mit über 20 Millionen Mitgliedern Europas größter Verein. Er galt lange als beinharter Lobbyist der Autobranche, inzwischen sieht sich der 1.760 Ortsclubs starke ADAC auf dem Weg zum Mobilitätsclub und will sogar Radfahrern helfen. Erfahrung auf drei Rädern ist immerhin vorhanden: Der Vorgänger des ADAC wurde vor 115 Jahren als Deutsche Motorradfahrer Vereinigung gegründet; die Helfer kamen noch in den 60ern mit einem Gespann aus Motorrad und Beiwagen

Per Anhalter durch die Literatur

Neun vielreisende Medienmacher schreiben über ihre Unterwegs-Lektüre

Henri Charrière
PAPILLON

Isabella Bird
EINE LADY IN DEN ROCKY MOUNTAINS

Jon Krakauer
INTO THE WILD

Francois Lelord
HECTORS REISE ODER DIE SUCHE NACH DEM GLÜCK

Douglas Adams
PER ANHALTER DURCH DIE GALAXIS

Gerdt von Bassewitz
PETERCHENS MONDFAHRT

Paul Theroux
HOTEL HONOLULU

Jack Kerouac
ON THE ROAD

Hermann Hesse
SIDDHARTHA

Henri Charrière – PAPILLON

Adrian Pickshaus, Chefredakteur des „Lufthansa Magazin“

„Papillon“ von Henri Charrière ist ein ganz schön dicker Wälzer. Meine Ausgabe, Jahrgang 1979, stammt aus dem Nachlass meines verstorbenen Onkels. 543 Seiten, eng bedruckt, von der Zeit mit wüstengelber Patina markiert. Lange stand der Schinken unberührt im Regal. Denn als Teenager hatte ich ja die Verfilmung gesehen: Steve McQueen und Dustin Hoffman als Strafgefangene in Französisch-Guyana, ein Klassiker der 70er Jahre. Wie viel besser konnte die Vorlage da schon sein?

In diesem Frühling habe ich „Papillon“ endlich gelesen. Das Buch riss mich mit wie ein Sturzbach. Die meisten Reiseromane erzählen von einem Sehnsuchtsort. Oder wenigstens von dem Weg dorthin. „Papillon“ erzählt von der Hölle und von den vielen Versuchen, ihr zu entrinnen. Autor Charrière hat dieses Buch gelebt, es ist seine Autobiografie: Als junger Mann wird er in Paris für einen Mord verurteilt, den er nicht begangen hat. In Ketten gelegt steigt er auf ein Schiff nach Südamerika, in einem Straflager des Kolonialreichs soll er verrotten. Doch Papillon, der Schmetterling, gibt sich nicht auf. Er versucht zu fliehen, immer wieder. Schließlich entkommt er auf einem winzigen Floß aus Kokosnussschalen über das haifischverseuchte Meer.

Charrière mag Dinge dazu erfunden haben. Aber wie er über den Dschungel und das Meer schreibt, wie er Gangster und Nonnen, Indianer und Fremdenlegionäre skizziert – das erinnert an Ausnahmereporter. In diesem Herbst kommt „Papillon“ wieder in die Kinos. Ich werde mir das Remake nicht ansehen: Zu spannend war meine Reise über 543 Seiten. Einmal in die Hölle und zurück.

Isabella Bird – EINE LADY IN DEN ROCKY MOUNTAINS

Barbara Schaefer, freie Reisejournalistin,
unter anderem für die „FAS“

„Unseren Tee tranken wir aus verbeulten Konservenbüchsen, und das Fleisch, das penetrant nach Rauch roch, mußten wir ohne Besteck und ohne Teller essen, aber das machte uns überhaupt nichts aus.“ – Wie ich diese Frau beneide! Ich habe Isabella Birds „Eine Lady in den Rocky Mountains“ das erste Mal 1993 gelesen, das Flugticket in die USA steckt noch als Lesezeichen darin. Hier ist endlich mal eine Frau wild und frei unterwegs, zu Pferd durch die Berge. Geboren 1831 als Pastorentochter in Yorkshire ist Bird dieser Weg nicht in die Wiege gelegt. Sie kränkelt, doch auf Reisen geht es ihr gut. Während Frauen im viktorianischen England nicht alleine Zug fahren dürfen, wirft Bird auf Reisen – Australien, Colorado, Indien, Persien, Kurdistan, China – alle Zwänge über Bord. Ihr Abenteuergeist trägt sie durch die Rockies und die Welt.

Wild-West-Romantik fehlt den Briefen an ihre Schwester, aus denen das Buch entstanden ist. Das elende Dasein der Siedlerfrauen lässt Bird schaudern, sie beschreibt deren „sittenstrenges, hartes, liebloses, zermürbendes Leben“ und die „Abschaffung der Kindheit“. Begeistert ist Bird dagegen von der Natur, vom freien Leben, und zeitweise von „Desperado Mountain Jim“. Ihr lapidarer Stil hat es mir auch beim Wiederlesen angetan: „Im Herzen der Rocky Mountains, auf 11 000 Fuß Höhe, bei zwölf Grad unter dem Gefrierpunkt, in einem Nest aus Baumzweigen zu übernachten und dem Geheul der Wölfe zuzuhören, war schon recht aufregend.“ Am liebsten würde ich möglichst bald ihren Spuren hinterherreiten.

Jon Krakauer – INTO THE WILD

Martin Kunz, Chefredakteur der „ADAC Motorwelt“
und des „ADAC Reisemagazins“

„Im August 1992 wurde die Leiche von Chris McCandless im Eis von Alaska gefunden“ – so der Klappentext des Buches. Spannend ist also nicht das Finale von „Into the wild“, sondern die Recherche, der lakonische Erzählton des Autors und die Tatsache, dass das alles so oder zumindest so ähnlich passiert ist: Der junge Chris McCandless sucht das Abenteuer in der Wildnis Alaskas und verhungert dort jämmerlich. Aber schon nach wenigen Seiten will man ganz genau wissen: Warum spendet ein 22-jähriger, hochbegabter Absolvent nach dem Studienabschluss sein Vermögen, bricht den Kontakt zu seiner Familie ab und startet zu einem Selbstsuche-Trip? Krakauer beschreibt ihn als naturphilosophisch getriebenen Aussteiger, der sich von Konsum, Mitmenschen und deren Vorschriften abnabelt.

Allerdings kannte McCandless die Gesetze der Wildnis zu wenig, um dort überleben zu können. Er ist ein Intellektueller, ein Survival-Theoretiker. Miserabel ausgerüstet macht er sich auf den Weg und endet an einem völlig verlassenen Ort am Rande des Denali Nationalparks. Dort vegetiert er in einem Bus-Wrack monatelang vor sich hin. McCandless kritzelte an einer Stelle ins Busblech: „Zwei Jahre durchstreift er zu Fuß die Welt. Kein Telefon, keine lieb gewonnen Haustiere, keine Zigaretten. Freiheit total. Ein Extremreisender. Ein ästhetischer Wanderer der Welten, der nur die Straße sein Heim nennt“. Die Rostlaube, die dort immer noch steht, wird von Insidern „Magic Bus“ genannt – und gilt als Sehnsuchtsort wagemutiger Naturfetischisten.

Francois Lelord – HECTORS REISE ODER DIE SUCHE NACH DEM GLÜCK

Thomas Hartung, Geschäftsführer von „Reise vor 9“

„Hectors Reise“ kommt mit einer angenehmen Leichtigkeit daher, doch die Frage, um die es geht, ist elementar: Was ist Glück? Die Antworten darauf sucht der Held auf einer Reise um die Welt. Hector ist Psychiater in London und manchmal gehen ihm die Probleme seiner Patienten auf den Keks. Warum kann er sie nicht glücklich machen? Diese Frage treibt Hector um. Also besucht er alte Freunde, reist mit dem Flugzeug nach China, Afrika und die USA. Unterwegs trifft er viele Menschen und stellt ihnen immer die gleiche Frage: Was bedeutet Glück für sie?

Aus den Antworten und seinen eigenen Beobachtungen formuliert Hector 23 einfache Lektionen. Etwa: „Es ist ein Irrtum, zu glauben, Glück wäre das Ziel.“ Lektion 19 passt zum Reisen: „Sonne und Meer sind ein Glück für alle Menschen.“ Erhellender als die Lektionen selbst sind allerdings die Geschichten – und wie sie entstehen. Sie machen das Buch lesenswert.

Ich kann Hectors Reise zum Glück und seine Gedanken gut nachvollziehen. Eine Reise in die Ferne ist für mich wie eine Reise zu mir selbst. Ich bin immer ein bisschen zufriedener zurückgekommen. Denn vieles, das wir hier für selbstverständlich halten, ist es eben nicht: Wasserhahn aufdrehen und Trinkwasser kommt raus. Schalter umlegen und das Licht geht an. Seine Meinung sagen, ohne verhaftet zu werden. Trotzdem sind wir in Deutschland ständig am Jammern. Das geht mir auf den Keks. Wenn ich diese Unzufriedenheit an mir selbst entdecke, wird es Zeit, mal wieder in die Welt aufzubrechen. Auf der Suche nach dem Glück in mir selbst.

Douglas Adams – PER ANHALTER DURCH DIE GALAXIS

Lars Nielsen, Chefredakteur von „GEO Saison“

Nach den Gesetzen der Mathematik sind interstellare Reisen ausgeschlossen – will man nicht unbedingt ein, zwei Millionen Jahre unterwegs sein. Es sei denn, man verfügt über ein Raumschiff mit Bistromatic-Antrieb. Dessen Zentralrechner bildet ein französisches Bistro, in dem wiederum ein als französischer Kellner gestylter Androide Dienst schiebt. Grund: Überall im Universum gelten die Gesetze der Mathematik. Nur eben nicht auf dem Block eines französischen Kellners. Dort lassen sich Zahlen bekanntlich zu den erstaunlichsten Ergebnissen kombinieren. Und zack! Schon ist man ein Dutzend Sternsysteme weitergehopst.

Wenn Sie diese Art von Humor doof finden, können Sie jetzt aufhören zu lesen. Ich habe die fünf Bände über die transgalaktischen Abenteuer des Erdlings Arthur Dent und seines außerirdischen Kumpels Ford Prefect mehrfach verschlungen. Da die Erde dummerweise einer Weltraum-Umgehungsstraße weichen musste und daher gesprengt wurde, sind die beiden Helden mit Hilfe des Reiseführers „Per Anhalter durch die Galaxis“ unterwegs. Auf ihren Trips erfahren sie nicht nur die Antwort auf die Frage aller Fragen, sondern auch die Frage selbst – und sogar, was beides miteinander zu tun hat. Mehr kann man von einem Werk nicht verlangen. Eigentlich sollte sich jeder Chefredakteur eine Ausgabe eben dieses Anhalters auf dem Schreibtisch wünschen. Auf dem steht nämlich in großen Lettern: „Keine Panik!“

Gerdt von Bassewitz – PETERCHENS MONDFAHRT

Tatjana Kerschbaumer, Chefredakteurin der „turi2 edition“

Wer würde nicht gerne zum Mond fliegen? Ich schon – deshalb war „Peterchens Mondfahrt“ schon als Kind eines meiner Lieblingsbücher. Die Vorstellung, der traurige Maikäfer Herr Sumsemann bitte mich eines Abends, ihm bei der Suche nach seinem verlorenen Beinchen zu helfen und ich könne deshalb mit ihm zum Mond reisen: Das hat schon was. Passiert ist das natürlich nicht mir, sondern Peterchen und Anneliese, zwei braven Geschwistern, die noch nie ein Tier gequält haben. Herr Sumsemann vertraut sich ihnen an, und beide wollen sofort helfen. Zur Not auch auf dem Mond, wohin das fehlende Beinchen vor Käfer-Generationen verbannt wurde. Herr Sumsemann lehrt die Geschwister das Fliegen, sie brausen mit ihm – ganz ohne Flügel – bis zur Milchstraße, über die es nur mit einem Schlitten weitergeht. Anschließend reiten sie auf dem Große Bären und bewältigen ihre letzten Etappe zum Mondberg sogar mit einer Kanone, die sie hinauf schießt.

Unterwegs schließt das Trio jede Menge Bekanntschaften – zum Beispiel mit Regenfritz, Sturmliese und Eismax. Nur der Mondmann stellt sich als böser Zeitgenosse heraus, der alles und jeden fressen will, der ihn besucht. Das Käfer-Beinchen kann natürlich trotzdem gerettet werden: Anneliese klebt es Herrn Sumsemann mit Spucke wieder an.

Mehr als 100 Jahre nach seiner Entstehung hat das Märchen nichts von seinem Reiz verloren. Ich würde die Reise mit Herrn Sumsemann jederzeit antreten, nur habe ich leider noch keinen sprechenden Maikäfer mit fehlendem Beinchen getroffen. Und, im Geheimen: Auf einen Schuss aus der Kanone und die Begegnung mit dem Mondmann könnte ich verzichten.

Paul Theroux – HOTEL HONOLULU

Peter Pfänder, Chefredakteur von „abenteuer und reisen“

Der Titel ist irreführend: In diesem Buch geht es nicht um Urlaub auf Hawaii, sondern um eine Reise in die Abgründe, Liederlich- und Widrigkeiten menschlichen Daseins. Damit kennt sich Zyniker und Misanthrop Paul Theroux aus, der mit „ehrlichen“, schlecht gelaunten Reisereportagen bekannt wurde – in denen er dem Leser die Theroux'sche Wahrheit um die Ohren haut und die von ihm besuchten Menschen beleidigt. In „The Happy Isles of Oceania“ kanzelt er zum Beispiel Tongas Bewohner als „hulking and horrible“ ab, als „lazy, mocking, quarrelsome and peculiarly sadistic to their children“. So böse, so gut.

In „Hotel Honolulu“ hat schließlich ein Schriftsteller die Schnauze voll vom Schreiben und wird Geschäftsführer eines 80-Zimmer-Hotels auf Hawaii. Dieser Bettenbunker serviert dem ausgepumpten Schreiberling ständig frische Protagonisten: an der Bar, der Rezeption und beim Lauschen durch Zimmerdecken und -türen. Doch die eigentliche Hauptfigur ist Hotelbesitzer Buddy Hamstra. Ein schwerreicher Prolet ohne Manieren, pervers und vulgär, verfressen und versoffen. Ein echter Mistkerl. Die 80 Episoden widmen sich Buddys Niedergang, Schnorrern, einer Nutte und deren Kunden. Es geht um Tod, Missbrauch, Sex und Betrug. Ein Buch, das viel Raum für Interpretationen lässt und lauwarm zu Ende geht: Der Ex-Literat und Ex-Hotelchef wird Bienenzüchter. Ich lese lieber noch einmal „The Great Railway Bazaar“ von 1975. Da war er besser, der Herr Theroux.

Foto: David Maupilé

Jack Kerouac –
ON THE ROAD

Stefan Seiler, Chefredakteur von „DB MOBIL“

Als Schüler verbrachte ich meine Ferien oft bei meinem Onkel und seiner Frau, die eine große Bibliothek besaßen. Die Regalwand mit all den Romanen und Fotobänden beeindruckte mich sehr – was während meiner Teenager-Jahre kaum etwas vollbrachte. Dort entdeckte ich Jack Kerouacs „Unterwegs“ an einem verregneten Sommertag. Ich weiß nicht mehr, welcher Begriff im Rückentext mich am meisten anlockte: „Amerika“, „Sex“, „Marihuana“ oder „Freiheit“? Jedenfalls war mir sofort klar, dass ich dieses Buch lesen wollte.

Die folgenden Tage war ich für meine Verwandten kaum ansprechbar. Ich entschwand ins Amerika der 40er Jahre, saß mit und neben dem Erzähler Sal im Greyhound-Bus. Gemeinsam verwandelten wir uns mit jeder Seite und jedem Kilometer ein bisschen mehr in Outlaws. Auch wenn mir Begriffe wie „Beat Generation“ oder „Hipster“ damals rein gar nichts sagten, gefiel mir fast alles an dem Werk: wie Sal seiner bürgerlichen Welt entfliehen konnte, wie er Dean bewunderte, diesen „westlichen Verwandten der Sonne“, ihre schiefe Freundschaft, wie beide ihr Außenseitersein feierten. Überhaupt: wie Sal und Dean auf Güterzüge sprangen, Autos klauten, es mit Leichtigkeit zu Orten schafften, von denen ich damals nur träumen konnte: New York! Chicago! New Orleans! Mexiko! Diese Städte füllten sich für mich erst durch „On the road“ mit Bildern und vor allem: mit einem Gefühl.

Wochen später beschrieb ich die Tische in meinem Gymnasium mit Zitaten aus dem Roman (ganz vorne mit dabei: „Ich war ein junger Schriftsteller und wollte abheben“). Das Buch machte mich zu einem Traveller, lange bevor ich einen Reisepass besaß.

Hermann Hesse –
SIDDHARTHA

Johannes Klaus, Gründer von Reisedepeschen.de und der Website The Travel Episodes

„Es ist gut,“ dachte er, „alles selber zu kosten, was man zu wissen nötig hat. Dass Weltlust und Reichtum nicht vom Guten sind, habe ich schon als Kind gelernt. Gewusst habe ich es lange, erlebt habe ich es erst jetzt. Und nun weiß ich es, weiß es nicht nur mit dem Gedächtnis, sondern mit meinen Augen, mit meinem Herzen, mit meinem Magen. Wohl mir, dass ich es weiß!“

Hermann Hesses Siddhartha ist auf einer besonderen Mission: Nicht weniger als Erleuchtung ist sein Ziel. Er ist Suchender, und auf seinem Weg lebt er die unterschiedlichsten Ideen: Er wird Asket, Kauf- und Lebemann, Fährmann und Vater. Er trifft sogar den Buddha und erkennt dessen Weisheit – aber er fühlt auch, dass er seinen eigenen Weg finden muss. Aus allen Rollen nimmt Siddhartha etwas für sich mit, doch er muss immer weiterziehen, sich weiter ausprobieren. Siddhartha ist auf einer Reise, bei der das Ziel kein Ort ist, sondern die Befreiung zu einem selbstbestimmten Leben. Obwohl Hermann Hesses Roman fast 100 Jahre alt ist, trifft er nach wie vor ins Herz jedes Reisenden, der auch auf der Suche nach seinem Platz in der Welt ist. Als ich ihn mit Anfang 20 auf einer Indienreise las, half er mir zu einer wichtigen Erkenntnis. Den eigenen Weg zu finden, sich nicht hinter Wissen zu verstecken, sondern zu erleben. „Suchen heißt: ein Ziel haben. Finden aber heißt: frei sein, offen stehen, kein Ziel haben.“

Die Kabine der Zugspitzbahn fährt mit 10,6 Metern pro Sekunde Richtung Gipfel

»Gondel, das hören wir gar nicht gerne. Wir sind hier ja nicht in Venedig«

Deutschlands höchster Berg boomt: 3.000 Gäste fahren täglich mit der Kabinenbahn in luftige Höhen. Ein Unterwegs-Gespräch mit Klaus Schanda, dem Marketing-Chef der Zugspitzbahn, über den Klimawandel und geile Gipfel-Pizza

Von Anne-Nikolin Hagemann (Text) und Markus Burke (Fotos)

Es ist drückend heiß im Tal. Der Eibsee glitzert in der Sonne, an den Bergen hängen zäh und schwer die Sommerwolken. Die Seile der Seilbahn verschwinden darin, als würden sie geradewegs in den Himmel führen. Da wollen wir hoch, über die Wolken, auf 2.962 Meter über Null. Top of Germany, so lautet der Zugspitz-Slogan, bayerisch selbstbewusst, international verständlich. Im Schnitt 3.000 Gäste kommen pro Tag in der Hauptsaison, die Hälfte nicht aus Deutschland. Sprachen schwirren durch die Luft wie aufgeregte Bienen.

»Gäste, die hier in 25 Jahren hochkommen, werden wahrscheinlich keinen Schnee mehr sehen. Sondern Schafe, die grasen«

Wie sollen wir überhaupt alle in diese Gondel passen, Herr Schanda?
Gondel, das hören wir gar nicht gerne. Wir sind hier ja nicht in Venedig. Wir sagen: Kabine. Eine Kabine hat Platz für 120 Personen. Heute ist nicht allzu viel los, da fahren wir mit 100, damit alle eine gute Sicht haben.

Ich hoffe, die Sicht ist nicht zu gut. Ein bisschen mulmig wird mir bei der Höhe schon.
Oh, das wird dann sportlich mit den Panorama-Fenstern! Und hier, schauen Sie mal: Diesen Glasboden haben wir jetzt seit vier Wochen. Eigentlich dachten wir, es gäbe da viel mehr Geschrei und Angst. Aber selbst die Kinder stellen sich da drauf.

Die Kabine fährt an. Zur Rechten schwebt der Eibsee vorbei. Vor uns liegt ein Weltrekord: Die höchste Stahlbaustütze für Pendelbahnen, 127 Meter hoch. Die neue Seilbahn kommt nur mit dieser einen Stütze auf der gesamten Strecke aus. Ich linse vorsichtig Richtung Glasboden. Unter uns gleiten erst Wiesen, dann Baumgipfel, dann Geröll dahin.

Macht sich bestimmt gut auf Instagram...
Und wie! Es gibt Tage, da liegen zehn bis zwölf Smartphones auf dem Glas und filmen den ganzen Weg bis oben. Gehen Sie ruhig näher dran! Der hält, versprochen. Ist fast wie fliegen. Und wenn Sie Glück haben, zieht gerade unsere Gamsherde unten vorbei.

Wir passieren die Stütze. Der nächste Weltrekord folgt: das längste frei hängende Seil einer Seilbahn, mehr als drei Kilometer, 10,6 Meter pro Sekunde. Unter uns sind jetzt scharfkantige Felsen, um uns herum Wolkenweiß. 500, 600 Mal ist er mit der alten Seilbahn diese Strecke gefahren, schätzt Klaus Schanda. Mit der neuen, eröffnet Ende 2017, erst etwa 50 Mal.

Wann sind Sie eigentlich das letzte Mal hoch gelaufen?
Das ist schon ein paar Jährchen her, zehn, zwölf bestimmt. Wenn man bei einer Bergbahn arbeitet, geht man zum Wandern irgendwohin, wo es keine Bahnen gibt. Schnell, schauen Sie jetzt nach links, Richtung Höllental! Manchmal sieht man auf diesem Grat die Kletterer, wie sie die letzten Meter hier hochgehen. Da, da ist tatsächlich einer.

Aus den Wolken taucht ein einsamer Kletterer auf einem schmalen Stück Fels auf. Seine Umrisse zeichnen sich scharf gegen die Weite um ihn ab, links und rechts von ihm Abgrund. Unsere Mitfahrer zücken die Smartphones. Und dann sind wir auch schon oben, nach zehn Minuten Fahrt. Kinder in Flip-Flops drängeln sich beim Aussteigen vorbei.

Bei meinem ersten und bisher einzigen Besuch auf der Zugspitze war ich genauso alt, fünf ungefähr. Sie?
Da erinnere ich mich gar nicht mehr. Das war irgendwann als Kind, zum Skifahren. Sie sind damit übrigens genau im Schnitt! Bei den meisten unserer Gäste ist der letzte Besuch zwischen 15 und 25 Jahre her.

Erkennt man die Zugspitze nach so langer Zeit überhaupt noch wieder?
Naja, wir haben schon viel gebaut. Die ersten Kletterer, die in den 50er Jahren hoch gelaufen sind, haben noch im Haus vom Deutschen Alpenverein übernachtet, das hatte nur eine ganz kleine Terrasse. Da gab es diesen Massenansturm noch nicht. Über die Jahre sind wir vom alpinen Berg der Kletterer zur Touristenattraktion geworden. Klar, Deutschlands höchster Berg, der zieht alle an. Für einen Wanderer oder Kletterer ist es oft ein Schock, wenn er hier oben ankommt und die vielen Menschen sieht.

Es kommen ja heute auch alle hoch – mit Ihren Bergbahnen.
Nicht alle, aber viele, zum Glück. Es könnten alle hochkommen, wenn sie wollen.

Auf dem Weg hoch zum neu eröffneten Gastrobereich grüßt Schanda in alle Richtungen. Besucher, Kollegen, ein „Servus" hier, ein „Griaß di!" da. Er bleibt an der Glasfront stehen, durch die man auf das Zugspitzplatt mit seinem Gletscher blickt, wo im Winter Ski gefahren wird. Von Eis und Schnee sind jetzt allerdings nur noch schmutzige Reste übrig, mit Staub bedeckt. Auf einem der zusammengeschobenen Restschneehügel wird gerodelt.

Was wir hier sehen, ist natürlich symptomatisch für den Klimawandel. Vor hundert Jahren ging der Gletscher bis zur Bergkette da hinten. Heute sagt man: In 15 bis 20 Jahren ist er komplett weg. Oder nach zehn solchen Sommern wie diesem. Heute Morgen gab es eine Greenpeace-Aktion da unten, die sind mit einem riesigen Transparent hochgefahren und haben hier demonstriert.

turi2.tv

Den Unterwegs-Fragebogen beantwortet Klaus Schanda unter: turi2.de/edition/schanda

KLAUS SCHANDA

Jahrgang 1972, lebt in Garmisch-Partenkirchen und leitet seit 15 Jahren die Abteilung Marketing und Vertrieb der Bayerischen Zugspitzbahn. Zu seinen Aufgaben gehört auch die Vermarktung von Deutschlands höchstem Gipfel als Ziel für Touristen aus dem In- und Ausland. Obwohl er im Urlaub gerne ans Meer fährt und die Hamburger um ihre Elbphilharmonie beneidet, kann er sich keinen schöneren Arbeitsplatz vorstellen

Blick durch die Wolken: Unten im Tal liegt der Eibsee

»Unsere Dohlen wissen sich zu benehmen. Die nehmen den Touristen die Pommes ganz vorsichtig aus der Hand«

Fühlen Sie sich von so einem Protest denn auch persönlich angesprochen?
Ich finde es wichtig, dass wir uns mit dem Klimawandel beschäftigen und unser Handeln deshalb kritisch hinterfragen. Wir wissen, dass die Natur unser größtes Pfund ist. Und die wollen und müssen wir so gut es geht bewahren. Statt eine komplett neue Bahn auf den Berg zu bauen, haben wir eben die alte Strecke modernisiert. Statt uns hier oben auszubreiten, haben wir die bestehenden Strukturen ausgebaut. Hier ist der größte Teil nicht erschlossen und das wird auch so bleiben. Es soll hier kein Disneyland geben. Ich denke, wir entscheiden im Zweifel eher zugunsten als zulasten der Natur. Auch, wenn durch den zugebauten Gipfel vielleicht erstmal ein ganz anderer Eindruck entsteht. Aber der ist ja schon seit Jahrzehnten so, und zurückbauen können wir jetzt nicht mehr.

Was bedeutet der Klimawandel für die Vermarktung der Zugspitze in Zukunft?
Wir liegen hier so hoch, dass wir das mit dem Schnee auf jeden Fall hinbekommen, beschneit wird hier nicht. Es kann nur sein, dass wir die Pisten später aufmachen. Früher haben wir Ende Oktober geöffnet, jetzt Ende November. Vielleicht machen wir irgendwann erst kurz vor Weihnachten auf. Im Moment haben wir als USP noch Gletscher, Schnee und Eis das ganze Jahr über. Da müssen wir uns in Zukunft was anderes überlegen. Die Gäste, die hier in 25 Jahren hochkommen, werden keinen Schnee mehr sehen, sondern wahrscheinlich Schafe, die grasen.

Lachen hinter uns. Ein Paar mit zwei Kindern hat zugehört und hält das für einen Witz: Die Schafe als die großen Gewinner des Klimawandels.

Ernsthaft! Die Alpenschafe kommen jetzt schon immer höher – hier oben finden sie spezielle Salze und Gräser und fühlen sich pudelwohl. Den Gletscher könnt ihr euren Enkeln wahrscheinlich nicht mehr zeigen. Dafür dann die Schafe.

Wir steigen ein paar Stufen nach oben, zum Gipfelrestaurant, das vor einigen Monaten neu eröffnet hat. „Willkommen" steht in mehreren Sprachen und Schriftzeichen auf der Tafel über der Theke. Einzelne Bereiche kann man abtrennen und mieten, „für Events", sagt Schanda. Ed Sheeran ist hier oben schon aufgetreten, die Toten Hosen auch. Der Einrichtungsstil liegt irgendwo zwischen Hipster-Coffeeshop und Almhütte: klares, geradliniges Design, duftendes Holz, grauer Filz. Der stammt übrigens vom Alpenschaf, das hier vielleicht in 20 Jahren vor den Panorama-Fenstern grast.

Die Alpin-Traditionalisten, über die wir vorhin gesprochen haben: Fühlen die sich hier noch wohl?
Aber sicher. Wir haben hier auch eine Gipfelstube, wo man traditionell bayerisches Essen bestellen kann. Inklusive Kreuz an der Wand, dem Herrgottswinkel, wie man bei uns sagt. Man muss auch nicht unbedingt etwas bestellen, man kann einfach ▶

»Am liebsten schaue ich von oben runter. Dann sieht man, wie klein der Mensch ist«

Autorin Anne-Nikolin Hagemann hat ein bisschen Höhenangst. Klaus Schanda zeigt ihr trotzdem den neuen Glasboden der Seilbahn-Kabine

nur sitzen und die Aussicht genießen.

Ist das die Herausforderung? Dass man bei aller Modernisierung die Tradition nicht verdrängt?
Tradition darf sich neu erfinden. Die Basis behalten wir, Schweinebraten und Knödel wird es hier oben immer geben. Dass es auch Pizza gibt, liegt nicht nur daran, dass wir einen ziemlich geilen Pizzabäcker haben. Sondern vor allem daran, dass ich damit alle bedienen kann: Wir haben Amerikaner, wir haben Asiaten, wir haben arabische Gäste. Pizza mögen alle. Und bevor ich mir den Lachs aus der Nordsee hole, serviere ich lieber Pizza aus Südtirol.

Die Dallmayr-Kaffeebar ist Schandas Lieblingsplatz auf der Zugspitze. Die Sessel sind nebeneinander angeordnet wie im Theater, mit dem Gipfelpanorama als Bühne. Neben dem Gipfelkreuz drängen sich Touristen zum Selfie. Schanda bestellt Espresso.

Wie oft sitzen Sie hier?
Nie! Das ist tatsächlich gerade das erste Mal, dass ich hier sitzen und rausschauen darf. Das ist einfach mein Arbeitsplatz. Wenn ich die Natur genießen will, fahre ich weit von hier weg.

Ist die Zugspitze aus Marketing-Sicht also ein Produkt wie jedes andere?
Für mich als Garmischer ist sie Teil meiner Heimat. Ich bin hier aufgewachsen, habe hier Skifahren gelernt, war hier mit meinen Eltern wandern. Für mich als Marketer ist sie ein Produkt, eine Marke, die ich am touristischen Markt platzieren muss.

Was macht die Marke Zugspitze aus?
Nummer eins, ganz klar: Top of Germany, der höchste Berg Deutschlands. Das kann uns keiner nehmen. Der zweit- und der dritthöchste haben es da schon schwerer.

Also steht die Zugspitze auch für ein gewisses Selbstbewusstsein.
Selbstbewusstsein gepaart mit Demut. Natur und Höhe sind ja nicht unser Verdienst. Das ist uns von wem auch immer gegeben worden.

Was ist Alleinstellungsmerkmal Nummer zwei?
Die Begehbarkeit. Als wir ausgestiegen sind, haben Sie die Turnschuhe gesehen, die Flip-Flops. Man kann hier auch ohne große Ausrüstung ein hochalpines Erlebnis haben.

Geht da nicht der Zauber verloren, sich hochgekämpft zu haben?
Wenn ich die acht, neun Stunden Aufstieg zu Fuß geschafft habe, ist das Gefühl auf jeden Fall da, wenn ich oben stehe. Das verschwindet ja nicht, weil neben mir Leute stehen, die mit der Bahn hochgefahren sind. Man muss diesen Berg nicht so erleben, wie wir das gerade tun. Aber man kann. Und das ist schön.

Da sind viele nicht Ihrer Meinung.
Wir als Gesellschaft werden immer älter, da können wir den Leuten doch nicht sagen: Entweder ihr schafft es hoch oder eben nicht. Und wenn ich heute den Rollstuhlfahrern in die Augen schaue, die dieses Erlebnis vor 50 Jahren nicht gehabt hätten und die wir heute mit relativ einfachen Mitteln befördern können, denke ich mir: Alles richtig gemacht.

Der Espresso ist ausgetrunken, wir gehen ein Stockwerk höher, auf die Sonnenterrasse. Hier spürt man zum ersten Mal, wie viel kühler es so hoch oben ist: 12 Grad, frischer Wind. Wolken verwischen die Aussicht nach unten. Aber bis nach drüben zur Bergstation der österreichischen Bergbahn kann man sehen, es sind nur knapp hundert Meter.

Hinter dem deutschen Haus ist der Grenzübergang, da musste ich früher meinen Pass zeigen. Den Felsen, den Sie sehen, haben angeblich die Deutschen mal kleiner ▶

Print + Digital
100% BRAND SAFETY
gujmedia.de/wirbietenmehr
Nichts hindert dich daran, morgen größer zu sein als heute.
Print Portfolio - es wächst und wächst. Marken wie B-EAT, GUIDO und JWD sind dazugekommen. Innovationen wie DR. v. HIRSCHHAUSENS STERN GESUND LEBEN, HYGGE und IDEAT haben wir aus dem Stand etabliert. Der Erfolg von Print ist eben keine Glaubensfrage, sondern schwarz auf weiß nachzulesen. Auch digital. gujmedia.de/printportfolio
G+J e|MS
A MEMBER OF AD ALLIANCE

Wo geht's hier nach Österreich? Die Zugspitze markiert gleichzeitig auch die Landesgrenze

gesprengt – damit unser Gipfel höher ist als der der Österreicher. Bewiesen ist das aber nicht. Was bewiesen ist: dass wir den Berg von Kaiser Franz Joseph geschenkt bekommen haben, im Austausch für die Sissi.

Kein schlechter Tausch. Schließlich kennt man die Zugspitze in der ganzen Welt – oder?
Natürlich haben wir in anderen Ländern nicht die Bekanntheit wie hier. Da ist man dann oft nur ein kleiner Berg von vielen. In Indien sind wir oft „like Jungfrau", wie der Berg in der Schweiz: Da ist vor 20 Jahren mal ein indischer Liebesfilm gedreht worden, seitdem wollen alle Inder da hin.

Krächzen in der Luft. Von den Begrenzungen der Terrasse stürzen sich Dohlen mit weit ausgebreiteten Flügeln in die Tiefe und steigen dann wieder auf – fast wie glänzend schwarze Taucher aus dem Meer.

An die kann ich mich noch erinnern! Eine davon hat mich damals als Kind in den Finger gezwickt.
Also, unsere Dohlen von heute würden das nie tun. Die nehmen den Touristen sogar die Pommes ganz vorsichtig aus der Hand, wenn die ihnen welche hinhalten. Und auf der Dachgaube am Gletscherrestaurant sitzen sie brav in einer Warteschlange. Nur die erste fliegt los, die anderen rücken nach, bis sie an der Reihe sind. Das ist doch ungewöhnlich sozial, finden Sie nicht?

Vielleicht macht einen Höhenluft ja besonders ausgeglichen.
Einen Tag werde ich nie vergessen. Da hatten wir arabische Gäste, buddhistische Mönche und Besucher aus unserem Kulturkreis hier. Um zwölf Uhr haben die Glocken unserer Kapelle geläutet, da sind die einen zum Gottesdienst, die arabischen Gäste in den Gebetsraum und die Buddhisten haben sich draußen an die Steinmauer gestellt und gebetet. Da habe ich mir gedacht: Warum kann das nicht überall auf der Welt so funktionieren?

Zeit für die Talfahrt, die Wolken werden dunkler, heute kommt noch ein Gewitter, meint Klaus Schanda. Auf dem Weg nach unten knackt es in den Ohren beim Druckausgleich. Als wir die Stütze passieren, hüpft kurz der Magen. Dann schweben wir aus dem kühlen Dunst auf den Parkplatz zu, auf dem die heiße Luft über den Autodächern flirrt.

Bei so einem Wetter ist die Kühle am Berg wirklich angenehm. Wann sind Sie am liebsten auf der Zugspitze?
Im Frühling, ab Mitte Februar bis in den April hinein, wenn gerade anderthalb Meter Neuschnee gefallen sind. Die Sicht ist schön, es ist schon ein bisschen warm. Und dann Skifahren im Tiefschnee. Da kann ich mich freuen wie ein kleines Kind. Die schönste Tageszeit ist ganz früh am Morgen. Wenn man den Sonnenaufgang mitbekommt und der ganze Tag liegt noch vor einem – das ist ein erhabenes Gefühl.

Jetzt sind wir schon fast unten. Wahnsinn, dass wir gerade noch oben waren! Was ist beeindruckender – von unten hochschauen oder von oben runter?
Ganz klar: Von oben runter. Dann sieht man, wie klein alles ist, wie klein der Mensch ist, wie klein man selbst.

Ist das für Sie überhaupt noch etwas Besonderes?
Heute zum Beispiel war etwas Besonderes. Das Dasitzen und Schauen. Dann tritt ein, von was wir gesprochen haben: diese Demut, die Dankbarkeit, hier arbeiten zu dürfen. Das Wissen, was man hat und was man schützen muss. Ich glaube, wenn das irgendwann nicht mehr da ist, sollte ich mir einen anderen Job suchen. ■

»Ich bin nicht Reinhold Messner«

Welche Gipfel muss man kennen, wenn man Chefredakteur des „Bergwelten"-Magazins ist? Ein Unterwegs-Gespräch mit Markus Honsig über ungewöhnliche Berufswege und das perfekte Urlaubsland

Von Tatjana Kerschbaumer (Text) und Markus Burke (Fotos)

Mittag am Gleinkersee in Oberösterreich. Ein paar Badegäste staksen barfuß über den gekiesten Uferweg und am Anlegesteg für Ruderboote vorbei. Markus Honsig, Jeans, graues T-Shirt, zückt sein Handy und fotografiert den imposanten Berg am Südende des Sees. Das Licht ist gerade toll, die glatte Wasseroberfläche spiegelt die steilen Hänge.

Schön ist's hier, das muss ich mir merken. Wie heißt denn der Berg da?
Der direkt am See? Das weiß ich gar nicht, der ist aber auch nicht besonders hoch. Ich weiß, dass es von hier aus aufs Warscheneck geht. Aber es stimmt: Ich bin nicht besonders gut im Gipfel erkennen und benennen.

Also bitte, Sie sind der Chef von „Bergwelten".
Wir wollen ja nicht nur ein Magazin von Bergsteigern für Bergsteiger machen. Sondern wesentlich mehr als das: „Bergwelten" soll Lust machen, hinauszugehen und die Natur zu genießen. Dazu muss ich mich mit den einzelnen Gipfeln gar nicht so gut auskennen.

Aber mit Rudern kennen Sie sich aus?
Ich soll jetzt rudern?

Nie bei einem Bootsmagazin gewesen?
Nein. Ich habe ja in Wien katholische Theologie studiert, wollte ursprünglich Religionslehrer werden. Am Ende meines Studiums sind in Wien aber zwei sehr konservative Bischöfe eingesetzt worden, das hat für viel Aufregung gesorgt. Da wusste ich schon, das wird eher nix mehr für mich.

Honsig klettert in eines der Ruderboote, unter dem Dutzende Fische hervorschießen. Könnten Saiblinge sein, Forellen mögen ja eher fließende Gewässer, aber ganz sicher ist er sich da nicht. Essen kann man sie aber bestimmt, im Gasthaus am Ufer wird schließlich Fisch serviert.

Und dann?
Dann hab' ich mich bei der „Autorevue" beworben.

Aha. Klingt naheliegend.
Ich war zwar beim Automarken erkennen besser als beim Gipfel erkennen, kannte mich aber mit Autos sonst nicht besonders aus. Zur „Autorevue" bin ich auch nicht wegen der Autos gegangen, sondern wegen des Schreibens. Damals, Anfang der 90er, war die „Autorevue" ein Kultmagazin. Herbert Völker, der Chefredakteur, war ein genialer Schreiber und Magazinmacher. Er hat legendäre Geschichten geschrieben – mit Gerhard Berger, Niki Lauda oder Walter Röhrl. Und er hat manchmal die Redakteursstellen etwas schräg besetzt, das wusste ich.

Also hat es geklappt?
Mit der Bewerbung – ja. Mit dem Schreiben, da bin ich mir bis heute nicht sicher. Was ich gelernt habe: was ein guter Text ist, wie ein Magazin funktioniert. Ich glaube, es geht um eine entspannte, positive, neugierige Haltung – dem Thema und den Menschen gegenüber, über die man schreibt. Wenn man dann noch einen graden Satz formulieren kann und weiß, dass man seine Leser nicht langweilen soll, kann schon nicht mehr viel schief gehen. Die Wahrheit ist aber: Als Neuling bei der „Autorevue" musste ich erstmal die Gebrauchtwagen-Preisliste pflegen.

Markus Honsig legt sich in die Riemen – als Chef des „Bergwelten“-Magazins und beim Rudern am Gleinkersee

»Ich wollte nach so viel Autofahren was Gutes für die Welt tun. Zum Beispiel Braunbären retten«

Das hört sich jetzt aber nicht so sehr nach Kultmagazin an.
Das nicht. Aber in der „Autorevue“ war immer viel Platz für Reportagen und Feuilleton aus allen Richtungen, das war toll. Wir haben ja nie Bremswege getestet, sondern uns eher darüber Gedanken gemacht, ob es nicht klüger ist, wenn man Cabrios geschlossen fährt.

Das Boot liegt jetzt im Bergschatten, Fische sind im dunklen Wasser schon lange nicht mehr zu sehen. Es wird Zeit, umzudrehen – Mittag ist fast vorbei, Hunger macht sich breit. Honsig taucht die Riemen ins Wasser und steuert zum Anlegesteg zurück.

Warum sind Sie denn dann nicht mehr bei der „Autorevue“? Wenn es so toll war?
Irgendwann hatte ich dann doch das Gefühl, dass ich zum Thema Auto alles gesagt habe. Und regelmäßiges Porschefahren verliert mit der Zeit auch ein wenig seinen Reiz. Außerdem wollte ich nach so viel Autofahren was Gutes für die Welt tun. Zum Beispiel Braunbären retten.

Was retten?
Braunbären. Die wurden damals vom WWF im Ötschergebiet und in Kärnten wieder angesiedelt. Und ich bin von der „Autorevue“ als Pressesprecher zum WWF Österreich gegangen. Obwohl ich von Natur- und Umweltschutz ungefähr so viel verstanden habe wie vorher von Autos.

Das Boot dockt am Steg an. Ich spähe auf die Liegewiesen mit sich arglos bräunenden Österreichern: nicht, dass aus den Wäldern dahinter gleich ein Bär stapft. Wenn der so einen Kohldampf hat wie wir gerade, wird es lustig.

Das mit den Bären hat übrigens nicht funktioniert. Die sind zumindest im Ötschergebiet wieder ausgestorben. Aber damals war das ein großes Thema. Wollen wir was essen?

Bären sind wirklich weit und breit nicht zu sehen, das Wildeste hier ist der Saibling auf der Speisekarte. Also doch Saiblinge unter dem Boot. Honsig bestellt ein Brotzeit-Brett, ich halte mich an kalten Braten.

Wenigstens werden wir nicht gefressen.
Nein, das war ja auch nicht hier in Oberösterreich. Aber für die Bauern in den betroffenen Gebieten haben wir damals die Bärenanwälte erfunden. Ansprechpartner, wenn sich doch mal ein Bär ein Schaf oder einen Bienenstock geholt hat. Lustig ist: Die Bärenanwälte gibt es immer noch. Obwohl es keine Bären mehr gibt. ▶

MARKUS HONSIG

wird 1962 in Steyr in Oberösterreich geboren, studiert katholische Theologie in Wien und geht als Redakteur zur „Autorevue". Danach macht er als Pressesprecher des WWF Österreich drei Jahre lang in Bären statt Autos. Nach mehr als 15 Jahren als freier Autor stößt er 2014 zum „Bergwelten"-Magazin, dessen Print-Chef er heute ist

turi2.tv

Den Unterwegs-Fragebogen beantwortet Markus Honsig unter: turi2.de/edition/honsig

Jetzt kümmern sie sich glaub' ich um die zurückgekehrten Wölfe.

Wieso hat das denn nicht geklappt mit den Bären?
Manche sind wieder ausgewandert, nach Slowenien, Italien. Andere sind kinderlos an Altersschwäche gestorben. Ich glaube, ein, zwei sind auch verbotenerweise erschossen worden.

Für den Job hat's ja nicht geschadet.
Das stimmt. Nach drei Jahren beim WWF habe ich mich trotzdem als Journalist selbstständig gemacht. Anfang der 2000er habe ich viel für die Kundenmagazine von Audi und VW in Deutschland gearbeitet. Das waren die letzten Ausläufer der goldenen Jahre, da haben die Kosten noch nicht die ganz große Rolle gespielt. Wir haben ganze Autos bis auf die letzte Schraube zerlegt und für seitenlange Ausklapper fotografiert. Damals habe ich auch Deutschland besser kennengelernt. Für die US-Ausgabe des „Audi Magazins" haben wir immer eine Klischee-Geschichte über bayerische Lederhosen oder Kuckucksuhren aus dem Schwarzwald produziert.

Die Printkrise macht auch vor Kundenmagazinen nicht halt. Spardruck breitet sich aus – selbst bei Auto-Giganten wie Audi und VW. Honsig bleibt selbstständig bis 2014, arbeitet viel frei für das Red Bull Media House, dann bandelt er mit „Bergwelten" aus dem selben Verlag an.

Nach Autos und Braunbären jetzt also Berge bei Red Bull.
Ich habe ja schon einige Jahre als Freier viel für das Red Bull Media House gearbeitet, für „Servus" und „Terra Mater". Für Magazin-Journalisten wie mich gibt es im deutschsprachigen Raum keine bessere Adresse als diesen Verlag. Und die Berge sind ein grandioses Thema. Ich kann mir keinen besseren Job vorstellen.

Aber Sie schreiben dort nicht besonders viel. Nicht über Berge, aber auch wenig anderes.
„Bergwelten" gibt es in Österreich, Deutschland und der Schweiz. Das ist richtig viel Arbeit, als Chefredakteur kommt man da nicht mehr so viel zum Schreiben. Und ich hab' auch wirklich viel geschrieben in meinem Leben, das passt schon. Es werden auch wieder Zeiten kommen, wo ich mehr schreibe.

Dabei ist „Bergwelten" doch gar nicht so ein extremes Alpinsport-Magazin.
Richtig, wir sind deutlich breiter aufgestellt als die klassischen Bergsteiger-Magazine. Deshalb relaunchen jetzt auch alle und wollen so sein wie wir. Vor allem Wandern ist ein wachsender Markt. Nähere, einfacher erreichbare Regionen werden bei den Menschen immer beliebter. Ich merk's ja an mir: Ich fahre gerne nur kurz mit dem Zug oder Auto wohin. Und Fliegen hat inzwischen viel von seinem Zauber verloren, wird immer unbequemer und anstrengender. Da brauche ich gar nicht erst an die CO2-Bilanz zu denken.

Honsig hat zwar eine gute Bräune im Gesicht, wie er so unter dem Gasthaus-Sonnenschirm sitzt – aber die hat er nicht von einer Fernreise mitgebracht. Italien war ausreichend. Ist praktisch, da kommt man entspannt mit dem Auto hin, und den sonnigen Süden mag er sowieso.

Also schlummert in Markus Honsig kein zweiter Reinhold Messner? Kein Abenteurer? Kein Weltenbummler?
Ein Messner bin ich wohl nicht, nein. Aber ich war schon viel unterwegs in meinem Leben. Bin viel durch die USA gefahren, war für „Terra Mater"-Reportagen in den Sümpfen des Südiraks oder im kolumbianischen Regenwald. Mit zunehmendem Alter zieht es mich aber immer öfter nach Italien: Wandern in Südtirol, Landleben in der Toskana, Baden in Praiano, Caravaggio in Neapel: Man isst besser, wohnt schöner, Italien ist ein so kultiviertes, gastfreundliches Land. Es gibt keinen Grund, nicht nach Italien zu fahren. ■

RED BULL MEDIA HOUSE

wird 2007 in Wals bei Salzburg vom österreichischen Energy-Drink-Milliardär Dietrich Mateschitz gegründet, um die Medienaktivitäten von Red Bull zu bündeln. Im selben Jahr erscheint erstmals das Monatsmagazin „The Red Bulletin", 2010 folgt die Heimatzeitschrift „Servus in Stadt & Land", 2012 „Terra Mater". Zusätzlich betreibt das Red Bull Media House den TV-Sender ServusTV sowie die digitale VoD-Plattform Red Bull TV. Die Erstausgabe von „Bergwelten" erscheint 2015, die gleichnamige TV-Sendung zum Magazin läuft auf ServusTV. Zielgruppe des Magazins sind nicht nur Hardcore-Hiker, sondern „Menschen, die sich gerne in den Bergen bewegen". „Bergwelten" erscheint in Österreich, Deutschland und der Schweiz mit drei unterschiedlichen Ausgaben, die speziell auf die anliegenden Regionen zugeschnitten sind. Mit einer verkauften Auflage von knapp 82.000 Exemplaren und einem Wachstum im zweistelligen Prozentbereich ist „Bergwelten" das erfolgreichste Outdoor-Magazin im deutschsprachigen Raum. Chefredakteur für Print ist Markus Honsig, Chefredakteurin Online Mesi Tötschinger

ICH BIN EINE UMFELDSCHÜTZERIN.
DENN MIT MIR KOMMEN NUR QUALITÄTSGEPRÜFTE UMFELDER INS IP-PORTFOLIO.
Diana Weck, Manager Sales Strategy & Projects, IP Deutschland
Wer seine Zielgruppe sicher erreichen will, vertraut dem geprüften, transparenten und 100 % brandsafen Portfolio von IP – garantiert frei von dubiosen Websites oder gar markenschädigenden Inhalten. So wird Werbewirkung kalkulierbar.
Das ist unsere Leidenschaft.
COMMITTED TO BRAND SAFETY
Jetzt von allen Umfeldvorteilen profitieren:
UMFELDSCHUETZER.DE/PORTFOLIO-QUALITAET
IP
A MEMBER OF AD ALLIANCE

#turi2homescreen: Die besten Apps für unterwegs

Seit 2014 schaut turi2.de jeden Samstag auf die Homescreens der Branche. Hier sind die besten Apps für unterwegs, die unsere Nutzer empfehlen

Von Markus Trantow

FILMORAGO – VIDEOEDITOR

Was kann das Ding? Wer Videos professionell schneiden will, macht das am besten am Rechner mit entsprechender Software. Falls es mobil und schnell gehen muss, erledigt FilmoraGo diesen Job aber auch ganz ordentlich. Untertitel, Grafiken, Übersetzungen, Filter: Die passable, wirklich vorzeigbare Postproduktion im Hosentaschenformat gibt's aber nur gegen Geld.

Betriebssystem: iOS, Android

Preis: kostenlose Basis-Version, In-App-Käufe

Veröffentlicht: 2015

Prominenter turi2-Nutzer: Yvonne Huckenholz, Redaktionsleiterin der „Bravo", bringt unterwegs mit der Software Videos für bravo.de in Form

FLIGHTRADAR24

Was kann das Ding? Wo kommt es her, wo reist es hin, das Flugzeug am Himmel? Flightradar24 verrät es – zusätzlich zum Flugzeugtyp, der Reiseflughöhe, Geschwindigkeit und Flugroute. Was im Netz auf Flightradar24.com kostenlos ist, lassen sich die Macher auf dem kleinen Screen aber eine Abogebühr kosten.

Betriebssystem: iOS, Android

Preis: 2-4 Euro pro Monat

Veröffentlicht: 2011

Prominenter turi2-Nutzer: Xing-Gründer Lars Hinrichs checkt via Flightradar24, wann der Flieger seiner Freundin landet

MAPSTR

Was kann das Ding? Traumstrand auf Bali, Lieblings-Café in Paris oder bester Pizzaladen Italiens – Mapstr speichert die Lieblingsorte seiner Nutzer auf einer weltweiten Karte und macht sie teilbar. Daraus wird schnell ein individueller Reiseführer: mithilfe von Tags lassen sich die Orte praktisch sortieren.

Betriebssystem: iOS, Android

Preis: kostenlos

Veröffentlicht: 2015

Prominenter turi2-Nutzer: Niddal Salah-Eldin, Director of Digital Innovation der „Welt"-Chefredaktion. Sie nutzt die App auch zu Hause in Berlin, um Restaurant-, Bar- und Café-Empfehlungen von Freunden zu speichern

TRIPADVISOR

Was kann das Ding? TripAdvisor ist die Allzwegwaffe des modernen Reisenden. An Touristen-Hotspots helfen Nutzerbewertungen, die größten Restaurant-Fallen zu vermeiden und Perlen zu finden. Die App ist längst nicht mehr nur ein Empfehlungsportal, sondern verdient Geld mit der Buchung von Reisen und Unterkünften

Betriebssystem: iOS, Android

Preis: kostenlos

Veröffentlicht: 2000 als Website

Prominenter turi2-Nutzer: Gründerszene-Boss Frank Schmiechen würde ohne TripAdvisor im Urlaub meistens einen großen Bogen um die besten Hotels und Restaurants machen

schleunung
DIE HERZBLUT-DRUCKEREI
WIR GEHEN IHREN WEG
Wir lieben unsere Kunden und sind immer für Sie erreichbar. Wir bieten Lösungen für jede Ihrer Anforderungen. Alles aus einer Hand. Wir freuen uns auf Sie!
WWW.SCHLEUNUNG.COM
Matthias Krause
Weiterverarbeitung
bei Schleunung

»Von Runtastic lasse ich mir Laufrouten vorschlagen. Es gibt nichts Schöneres, als unterwegs frühmorgens zehn Kilometer zu laufen. Das tue ich überall«

KAI DIEKMANN

ALLSUBWAY

Was kann das Ding? Nie wieder ein öffentliches Verkehrsmittel verpassen, egal wo – das verspricht AllSubway. Die App bringt die ÖPNV-Fahrpläne vieler großer Städte auf den kleinen Screen. Schwerpunkte liegen in Europa, Nordamerika und Asien. In den übrigen Teilen der Welt müssen sich User selbst durchschlagen.

Betriebssystem: iOS

Preis: 1,09 Euro

Veröffentlicht: ca. 2010

Prominenter turi2-Nutzer: Für Correctiv-Chef David Schraven ist die Fahrplansammlung ein treuer Begleiter auf seinen Recherchereisen – vor allem in Hamburg, Zürich, Berlin und London

CITYMAPPER

Was kann das Ding? Raus aus dem Bahnhof, rein in die fremde Stadt – aber wo muss ich eigentlich genau raus, um ohne große Umwege an mein Ziel zu kommen? Citymapper navigiert Nutzer durch rund 40 Städte weltweit - von Hamburg über San Francisco bis Melbourne. Die App hilft auch dort, wo Google Maps mangels GPS versagt. Und verrät, welcher U-Bahn-Ausgang der richtige ist.

Betriebssystem: iOS, Android

Preis: kostenlos

Veröffentlicht: 2011

Prominenter turi2-Nutzer: Bodo Schiefer, CEO der Engine Group, findet mit Citymapper seinen Weg durch London

RUNTASTIC

Was kann das Ding? Runtastic ist der Allrounder unter den Lauf-Apps: Lieblingsstrecke tracken, Zeiten vergleichen, verbrannte Kalorien anzeigen. Was die App für Reisende so wertvoll macht: Sie lässt Nutzer ihre Strecken teilen. Ganz egal, wo auf der Welt die Laufschuhe geschnürt werden – ein anderer Runtastic-Nutzer war sicher schon da und hat einen Vorschlag für eine Tour

Betriebssystem: iOS, Android

Preis: kostenlos, In-App-Käufe

Veröffentlicht: 2009

Prominenter turi2-Nutzer: Ex-„Bild“-Boss Kai Diekmann erkundet gerne frühmorgens beim 10 Kilometer-Lauf London, Lagos, Istanbul und Jerusalem

URBAN SPORTS CLUB

Was kann das Ding? Die App ist die Muckibuden-Flatrate für den Reisenden: Einmal zahlen und an mehr als 3.000 Sport-Locations Gewichte stemmen, ins Wasser springen oder aufs Laufband steigen. Die Zahl der monatlichen Sporteinheiten ist aber nur in den teuren Tarifen unbegrenzt. Immerhin: Der Sports Club hat eine Kündigungsfrist von nur einem Monat. Ein Probemonat ist aber nicht drin.

Betriebssystem: iOS, Android

Preis: 30-130 Euro pro Monat

Veröffentlicht: 2012

Prominenter turi2-Nutzer: Digitalberater Daniel Mack findet über die App wechselnde Sportsfreunde fürs gemeinsame Training

»Du musst dich quälen können«

Ein Unterwegs-Gespräch mit Jörg Hausendorf, dem Geschäftsleiter von Bauer Media – über Ehrgeiz und die Bundeswehr, über Erfolge im Sport und im Verlag

Von Peter Turi (Text) und Johannes Arlt (Fotos)

Flott unterwegs: Jörg Hausendorf und Peter Turi beim Joggen an der Hamburger Außenalster

WE RUN
POPULAR.

We think popular – so lautet der Leitspruch der Bauer Media Group. Jörg Hausendorf trägt auf seinem T-Shirt eine Variante: We run popular. Das Laufen ist bei Bauer tatsächlich populär: Es gibt mehrere Laufgruppen

Treffpunkt Alsterperle: An dem ehemaligen Klohäuschen im Stadtteil Uhlenhorst treffen sich die Hamburger am Abend zum Feierabendbier. An diesem Augustmorgen um 10 Uhr gehören die Wege unter den imposanten Trauerweiden den Joggern.

Warum laufen Sie? Sie könnten ja auch Motorradfahren oder Pilates machen.
Laufen ist für mich ein tolles Hobby und super Entspannung. Man kann es unkompliziert überall machen und es ist kompetitiv – das ist mir wichtig.

Sie wollen schneller sein als andere?
Ich kann mir Ziele setzen, auf diese beharrlich hinarbeiten – und am Ende erreiche ich sie idealerweise. Laufen ist eher ein Wettbewerb mit sich selbst.

Mit welchem Ehrgeiz laufen Sie?
Es gab eine sehr ambitionierte Phase in den Jahren 2011 und 2012. Ich hatte mir unter anderem das Ziel gesetzt, einen Marathon in unter drei Stunden zu laufen.

JÖRG HAUSENDORF

Der Marathon-Mann und Reserveoffizier dient beim Familienunternehmen Bauer seit 2008, seit 2013 ist er Konzerngeschäftsleiter. Dabei verantwortet er das Publishing-Geschäft von Spanien bis Russland und in Deutschland. Hausendorf wird am 2. Mai 1964 in Lübeck geboren und wächst als Sandwich-Kind mit zwei Schwestern auf. Er studiert Wirtschaftswissenschaften mit dem Schwerpunkt Marketing an der Hochschule der Bundeswehr in Hamburg (Helmut-Schmidt-Universität)

Haben Sie es geschafft?
Leider nicht ganz. Meine Bestzeit waren drei Stunden und sechs Minuten beim Herbstmarathon in Bremen 2012. Diese sechs Minuten werde ich nun nicht mehr schaffen. Die biologische Uhr tickt weiter und mit 54 werde ich meine Bestzeit wohl kaum noch verbessern.

Wie sehr nagt das an Ihnen?
Im Nachhinein würde ich sagen: Der Bremen-Marathon war gleichzeitig mein größter Erfolg und mein größter Misserfolg. Ich hatte damals in der entscheidenden Phase einen Krampf. Und es war klar, dass das mein letzter Angriff auf die drei Stunden sein würde, denn zwei Wochen vorher hatte mich Yvonne Bauer in die Konzerngeschäftsleitung berufen. Damit stand fest, dass ich in der heißen Trainingsphase nicht mehr bis zu sechsmal die Woche trainieren könnte. Andererseits laufen nur die besten drei bis vier Prozent einen Marathon unter drei Stunden. Ich bin also stolz auf meine Bestzeit.

Und jetzt lassen Sie es lockerer angehen?
Ja. Ich trainiere eher halb so oft, und ich laufe mehr in der Gruppe. Ich begleite gern Leute zu ihrem ersten Marathon. Gerade beim Frühjahrsmarathon in Hamburg habe ich zwei Frauen aus unserer Laufgruppe als Hase geholfen, ihre Marathon-Ziele zu schaffen.

Also als Tempomacher. Ist Laufen eine Schule des Lebens?
Durchaus. Ausdauersport zu betreiben und Erfolge im Management zu haben, ähnelt sich in vielen Punkten. Du brauchst Ausdauer, einen Plan und Beständigkeit. Du musst dich quälen können, weil nicht immer alles schön ist. Wenn du das alles im Blick behältst, erreichst du deine Ziele.

Zeigt sich diese Zielgerichtetheit auch in Ihrem Lebensweg?
Ich denke schon. Ich bin fleißig und ehrgeizig, ich stehe für Verlässlichkeit, für Kontinuität und für den Biss, einen eingeschlagenen Weg bis zum Erfolg zu gehen. Ich gebe zwar gern die Richtung vor, arbeite aber immer und sehr gern im Team. Ich führe über Diskurs – immer auf der Suche nach dem besseren Weg und glaube absolut nicht, die Weisheit mit Löffeln gefressen zu haben.

Marathon-Mann Jörg Hausendorf kennt hier jeden Strauch und jede Wurzel, die als Stolperfallen am Weg lauern. In der Mittagspause läuft er gern mal eine Runde oder zwei um die Außenalster.

Sie waren acht Jahre inklusive Studium bei der Bundeswehr – hat Sie das geprägt?
Auf jeden Fall. Ich war früh für über 200 Leute verantwortlich, die aus allen Gesellschaftsschichten kamen – nicht alle waren besonders motiviert oder gut ausgebildet. Das Führenwollen ist dabei genauso wichtig wie das Führenkönnen.

Die Bundeswehr als Schule der Nation?
Das ist übertrieben. Es gibt verschiedene Wege zum Ziel. Management in der freien Wirtschaft und militärische Führung sind sich durchaus ähnlich, denkt man an notwendige Fähigkeiten und Techniken. Viele Managementbücher basieren grundsätzlich auf militärischer Taktik und Strategie.

Warum sind Sie zur Bundeswehr gegangen?
Einerseits aus wirtschaftlichen Gründen: Ich wollte studieren und das wäre mir von Zuhause aus finanziell nicht möglich gewesen. Andererseits war ich politisch überzeugt, in der damals ▶

Nach dem Sport ist vor dem Relaxen. Nur bei Bauer legt Jörg Hausendorf kaum einmal die Füße hoch

schwierigen Lage mit der Nachrüstungsdiskussion etwas Wichtiges zu tun. Übrigens gegen die deutliche Mehrheit in meiner Altersgruppe.

Ziel war immer, BWL zu studieren?
Ja. Ich wollte immer was mit BWL und Marketing machen. Mein Vater hat mich da geprägt. Bei der Bundeswehr habe ich mich für das zivilste Feld beworben: Ich war Logistik-Offizier im Heer. Hauptsächlich als Ausbilder an der Logistikschule. Wenn Sie so wollen, war mein pädagogischer Ehrgeiz größer als mein militärischer.

Sollte das Pflichtjahr für die Bundeswehr oder soziale Dienste wieder eingeführt werden?
Ich war immer gegen die Abschaffung der allgemeinen Wehrpflicht. Es wäre wichtig für die Soldaten, die Sozialdienstleistenden und die Gesellschaft, dass dort ein Spiegelbild der Gesellschaft Dienst tut und sich trifft. Ich glaube fest an das Leitbild des Staatsbürgers in Uniform. Ich war immer ein politisch denkender Soldat. Ich habe Kampfausbildung nie gemocht, aber ich war ein begeisterter Ausbilder junger Menschen und Lehrer für politische Bildung, Recht und Geschichte.

Nach acht Jahren Bundeswehr sind Sie nach Lübeck zur Marmeladenfabrik Schwartau gegangen. Was haben Sie da gelernt?
Unter anderem, dass nach der Europäischen Konfitürenverordnung nur aus Zitrusfrüchten Marmelade gekocht werden kann, alles andere heißt Konfitüre. Das haben die Engländer mit ihrer Vorliebe für Orangenmarmelade durchgesetzt.

Es gibt also gar keine Erdbeermarmelade?
Streng genommen nicht. Nur Erdbeerkonfitüre.

Danach sind Sie zum Jahreszeiten Verlag.
Dort war ich über zehn Jahre. Sie sehen: Ich bin niemand für die Kurzstrecke, eher ein Ausdauerläufer. Es war meine erste Station in den Medien. Thomas Ganske hat mir als väterlicher Verleger viele Möglichkeiten und Impulse gegeben. Dafür bin ich ihm auch bis heute dankbar.

Der Blick geht von Osten aus über die Alster. Die Straßen hier heißen – sehr zu recht – „Schöne Aussicht" und „Schwanenwik". Die kleine Straße an der Alsterperle heißt Eduard-Rhein-Ufer. Passend: Eduard Rhein war Gründungs-Chefredakteur der Programmzeitschrift „Hör zu!". Er erfand das Wort „Schleichwerbung" und das Redaktionsmaskottchen „Mecki".

Im Jahr 2008 sind Sie als Geschäftsführer für die Women's Weeklies zu Bauer. Warum?
Bauer hat als Großverlag andere Potentiale, wir sind weniger limitiert. Wenn man die Verlegerin Yvonne Bauer für eine Idee gewinnt, dann ist die Power da, um das auch durchzuziehen. Das ist ein toller Verlag. Ich bin hier auch immer vorangekommen, habe neue Verantwortung bekommen. Bis hin zum Publishing-Geschäft in Kontinentaleuropa, das ich jetzt verantworte.

Sie haben nach der Bundeswehr immer in Familienunternehmen gearbeitet. Jetzt ist die Chefin eine Frau – schwierig für einen bei der Bundeswehr Sozialisierten?
Nein, gar nicht. Yvonne Bauer ist eine großartige, gleichzeitig angenehme und fordernde Chefin. Sie gibt mir Impulse – ich kann täg-

»Management in der freien Wirtschaft und militärische Führung sind sich durchaus ähnlich«

»Wir sind sicher das Haus in Deutschland, das immer am deutlichsten gesagt hat: Wir glauben an Print«

lich von ihr lernen. Ich schätze bei Familienunternehmen vor allem die kurzen Wege und das unternehmerische Denken. All das verkörpert Yvonne Bauer aufs Beste. Ich habe sie als Vertriebschefin kennengelernt und kurz darauf haben sie und ihr Vater 2010 einen mustergültigen Generationswechsel geschafft. Sie ist in jedem Thema tief drin, sie ist eine wichtige Taktgeberin und treibt die Dinge strategisch voran. Sie inspiriert mich ungemein und gibt viele unternehmerische Freiheiten. Dazu kommt: Wir machen viele Produkte für die weibliche Zielgruppe, da muss ein Verlag auf Männer und Frauen bauen – und das auf allen Ebenen.

Auf welcher Reise befindet sich Bauer?
Wir gehen deutlich nach vorne.

Wie kann Bauer erfolgreich sein in Zeiten schwindender Print-Begeisterung?
Wir arbeiten intensiv an der Strategie: Wo soll es hingehen? Wir haben ja als Bauer Media Group schon klargemacht, dass wir mehr sind als ein deutsches Zeitschriftenhaus. Wir stellen jetzt die Weichen dafür, zu einem vollständigen internationalen Portfolio-Unternehmen zu werden, also mehr als nur ein reines Medienunternehmen.

Was heißt das?
Publishing bleibt die wichtigste Säule – aber nicht nur Zeitschriften, wir sind auch Online und beim Radio stark. Dazu kommen digitale Geschäfte, die mit dem Publishing-Geschäft nicht mehr viel zu tun haben: zum Beispiel Vergleichs-Plattformen im Web. Weitere Aktivitäten werden folgen.

Was genau meinen Sie?
Bauer ist bei Vergleichsportalen in Skandinavien, Polen und Tschechien durch Zukäufe stark. Die funktionieren überall gut, wo die Intransparenz groß ist und ein Markt dereguliert wird. Also bei Themen wie Strom, Telekommunikation, Versicherungen, Wohnung oder Auto. Das ist wie im Journalismus: Du bringst Licht ins Dunkel.

Aber in Deutschland haben Sie da keinen Fuß auf dem Boden.
Im Moment noch nicht, aber was nicht ist, kann noch werden. In der Tat sind Märkte spannender, in denen die Liberalisierung noch nicht so weit vorangeschritten und die Positionen noch nicht so besetzt sind wie in unserem Heimatmarkt.

Was ist mit digitalem Journalismus – ist damit Geld zu verdienen?
Das ist schwierig, aber noch nicht endgültig geklärt. Die hehre Vorstellung von vor rund zehn Jahren, die digitalen Ableger könnten eines Tages das Geld verdienen, das den gedruckten Titeln abhanden kommt, ist jedenfalls zerstoben. Die Mehrheit unserer Zeitschriftenkonzepte ist nicht transformierbar. Das heißt aber auch, dass sie sich gedruckt gut halten: zum Beispiel Frauen- und Programmzeitschriften. Dagegen laufen People-Inhalte online recht gut. Rubrikenanzeigen funktionieren digital so gut, dass sie für Print praktisch tot sind.

Print ist für Bauer kein Investitionsfeld mehr?
Doch. Print ist aus sich heraus zwar kein generelles Wachstumsfeld mehr – in gesättigten Märkten sind der Vertrieb und auch das Erlösmodell Anzeigen rückläufig. Zuwachs kann aber in geringerem Umfang auch über Innovationen und vor allen Dingen über Akquisitionen kommen. Wir sind zum Beispiel in Deutschland, Polen oder Großbritannien so stark, dass wir die Chance haben, Märkte zu konsolidieren. Dazu haben wir gute Ausgangsbedingungen und auch den festen Willen, das zu tun.

Was ist das Ziel?
Wir wollen Dinge, die wir besonders gut können, ausrollen und ausweiten. Bauer ist die Nummer eins im Vertrieb. Das können wir für mittlere und kleine Verlage als Dienstleistung mit anbieten – oder in Kooperationen. Das gilt auch für die Anzeigenvermarktung. Wir sind sicher das Haus in Deutschland, das immer am deutlichsten gesagt hat: Wir glauben an Print. Wir haben Opportunitäten wahrgenommen wie beim Kauf der „Cosmopolitan“ oder der „Madame“ und wir werden das weiter tun. Wir sind agil und ambitioniert.

Beim Zukaufen haben Sie eigentlich nur einen Konkurrenten: Funke.
Das stimmt. Ich glaube aber, dass wir die deutlich bessere Ausgangsposition haben, weil wir heute schon ein ausgewogenes Portfolio haben, das alle relevanten Zielgruppen bedient. Außerdem haben wir die eindeutig stärkere Position im Vertrieb und im Anzeigengeschäft und nur eine – dazu sehr erfolgreiche – Regionalzeitung, die „Magdeburger Volksstimme“.

Heißt Konsolidieren eigentlich, dass die Ausgaben mit den Einnahmen um die Wette schrumpfen?
Nein. Konsolidieren heißt, seine Fähigkeiten optimal auszuspielen und auch dafür zu nutzen, Geschäfte auskömmlich zu betreiben. Geschäfte, die zu uns passen und uns im Portfolio helfen, wo anderen Unternehmen qua Größe oder wegen deutlich geringerer Effizienz der Atem ausgeht.

Also ein geordneter Rückzug?
Ganz im Gegenteil. Um im Marathonbild zu bleiben: eher die Luft nutzen, die man aufgrund besseren Trainings hat, um auf den letzten Kilometern noch den einen oder anderen Wettbewerber abzuhängen und mit einem verbesserten persönlichen Ergebnis ins Ziel zu laufen.

Was liest Jörg Hausendorf?
Weiter viel Papier: Täglich die „Welt“, gern den „Spiegel“ und die „Zeit“. Natürlich Bücher, weil es den Kopf beweglich hält. Und außerdem möglichst viel aus dem eigenen Haus – leider nicht mehr so gründlich, wie ich es gern wollte. ■

BAUER MEDIA GROUP

hieß früher Heinrich Bauer Verlag und ist längst mehr als ein Zeitschriftenhaus: Mit mehr als 11.000 Mitarbeitern und über 500 Zeitschriften ist Bauer weiter der auflagenstärkste Zeitschriftenverlag Europas. Neben den vertriebsstarken, aber bröckelnden Massentiteln wie „TV Movie“, „tina“ und „Closer“ hat Bauer über 50 Radiosender und mehrere Vergleichsplattformen im Portfolio. Geführt wird die Bauer Media Group, die über 2,2 Milliarden Euro Umsatz macht, von Verlegerin Yvonne Bauer und den drei Konzerngeschäftsleitern Jörg Hausendorf (Publishing), Veit Dengler (neue Geschäftsfelder, Großbritannien, USA, Australien) und Harald Jessen (Finanzen und Controlling)

»Wirf dein Herz über das Hindernis und spring hinterher«

Ina Tenz stammt aus der niedersächsischen Provinz und wirbelt heute als Programmdirektorin von Antenne Bayern – nach Stationen in Australien, Berlin, Luxemburg und Hannover. Ein Gespräch über ihre Lebensreise und das Unterwegsmedium Radio

Von Heike Reuther (Text) und Sebastian Arlt (Fotos)

INA TENZ

wird am 14.06.1971 in Wildeshausen bei Cloppenburg geboren. Seit Anfang 2017 ist sie Programmdirektorin und Geschäftsleiterin Content von Deutschlands meist gehörtem privatem Radiosender. Sie verantwortet alle analogen und digitalen Distributionswege der Marke Antenne Bayern; dazu gehören Strategie und Weiterentwicklung aller Webstreams, Internetangebote, Apps und Social-Media-Aktivitäten des Senders. Tenz ist mit Kommunikationsmanager und Ex-Regierungssprecher Béla Anda verheiratet

turi2.tv

Den Unterwegs-Fragebogen beantwortet Ina Tenz unter: turi2.de/edition/tenz

Weißblauer Himmel über dem Olympiapark, Frauchen und Hund kämpfen sich munter Münchens höchste Erhebung hinauf. Geschafft! Ina Tenz und Briard-Rüde Bizkit stehen auf dem 60 Meter hohen Olympiaberg. Erst einmal die Aussicht genießen. Der Blick geht über den Olympiasee zum Olympiastadion und zum Funkturm.

Sie haben für Ihren Job bei Antenne Bayern Ihren Mann, Ihr Haus und Ihre Pferde in Hannover verlassen. Ist die Karriere so ein Opfer wert?

Das klingt jetzt sehr hart. Ganz so ist es aber nicht: Meinen Sohn Jacob und unseren Hund Bizkit habe ich ja mitgenommen, und mein Mann arbeitet auch regelmäßig in München. Er war übrigens der Erste, der mir geraten hat, die Chance zu ergreifen.

Sie leben seit 2017 in München. Sind Sie schon angekommen?

Total. Ich habe München immer geliebt. Man kann Bayern gar nicht nicht lieben. Die Landschaft ist ein Traum. Die Seen, die Berge – alles wirkt so ästhetisch und gesund. Die Menschen in Bayern zeigen sich verantwortlich für ihre Umgebung und sorgen dafür, dass es so schön bleibt. Das gibt einem ein gutes Gefühl.

Sie sind das Unterwegssein gewohnt: Berlin, Luxemburg, Hannover, München, Hannover, München – immer der Karriere wegen?

Immer dann, wenn mich eine neue Aufgabe gereizt hat. Nach der Schule bin ich für zwei Jahre nach Australien, um mit Pferden zu arbeiten. Irgendwann hatte ich verstanden, dass das ein Hobby bleiben kann und ich im Medienbereich arbeiten möchte. Also bin ich nach Berlin und habe an der Freien Universität angefangen, Journalistik, Psychologie und Anglistik zu studieren. Das Studium habe ich übrigens nie abgeschlossen.

Weil Sie ziemlich schnell beim Radio gelandet sind?

Ja. Um meine Miete zu bezahlen, habe ich parallel zum Studium bei Deutsche Welle TV in der englischen Nachrichtenredaktion gearbeitet. Christoph Lanz, damals Chef- ▸

redakteur, sprach mich an: „Wir planen, mit ein paar Leuten Rias 2 zu privatisieren. Mach' doch mal Radio." So kam ich zu Rias 2. Seitdem hat mich das Radio nicht mehr losgelassen.

Was ist das Besondere am Radiomachen?
Radio ist Kino im Kopf. Geschichten so zu erzählen, dass Bilder im Kopf des Hörers entstehen, finde ich faszinierend. Und im Vergleich zu anderen Medien: Radio ist schnell. Fernsehen ist langsam. Fürs Fernsehen braucht es immer viele Leute. Erst geht man mit dem Team drehen, dann geht es mit dem Material in den Schnitt und in die Produktion, dann schaut jemand über den Beitrag, und und und. Im Radio hast du eine Idee, gehst raus, sprichst mit den Menschen, kommst zurück, schneidest deinen Beitrag und gehst auf Sendung. Außerdem fasziniert mich am Radio, dass die Menschen deinen Beitrag einmal hören, dann ist er weg. Diesen einmaligen magischen Moment gibt es nur beim Radio.

Inzwischen hat sich eine komplette Mädchenklasse um den Hund von Ina Tenz versammelt. Bizkit wird gekrault und umgarnt. Der Studiohund von Antenne Bayern mit eigenem Facebook-Account nimmt die Zuwendung gelassen.

Zwei Jahre Australien direkt nach der Schule – das war Anfang der Neunziger auch noch kein Mainstream.
Meine Eltern haben immer gesagt: „Finde Deinen Weg". Dass der mich nach Australien führen würde, haben sie nicht gedacht. Ich bin in der erzkonservativen katholischen Enklave Cloppenburg aufgewachsen, da wünscht man sich als junger Mensch ganz weit weg. Ich habe damals auf einem Pferdehof gejobbt – und hatte eine Anlaufstation für ein Gestüt in Australien genannt bekommen. Also habe ich mir ein Flugticket besorgt. Sechs Monate Down Under sollten es werden, zwei Jahre bin ich geblieben – gut, dass es 1991 noch kein Handy und die komplette Überwachung gab. Ich habe einmal die Woche mit Zuhause telefoniert und ab und zu Briefe geschrieben.

Klein Ina in der großen weiten Welt.
Oh ja, Reisen war damals noch umständlich. Der Flug nach Australien hat bestimmt 48 Stunden gedauert: von Frankfurt nach Dubai, sechs Stunden Aufenthalt, von da nach Kuala Lumpur, 13 Stunden Aufenthalt, weiter nach Melbourne und dort nochmal umsteigen nach Sydney. Im Flieger hat mich irgendwann der Mut verlassen: „Was machst Du hier eigentlich?" Also habe ich überlegt: ein Unfall, Krankheit, Heimweh oder Diebstahl, das alles ließe sich managen. Das Schlimmste, was mir zustoßen könnte, wäre, dass mein Herz stehen bliebe. Da ist mir eine wichtige Regel vom Springreiten eingefallen: Wirf zuerst dein Herz über das Hindernis und spring' hinterher. Sobald man zögert, spürt es das Pferd und bleibt stehen. Das sollte mir nicht passieren.

Während Ina Tenz weiter von ihrem Lebensweg berichtet, schlendern wir den Berg hinunter. Bizkit zieht seine Kreise und gibt acht, dass wir brav beisammen bleiben – typisch Hütehund.

Macht man bei den Privaten schneller Karriere?
Damals auf jeden Fall. Rias 2 merkte bald, dass der freie Markt doch nicht so ganz einfach ist. Uns Freien wurde gekündigt. Ich stand auf der Straße und brauchte dringend einen neuen Job. Also habe ich mich beim Sender Freies Berlin (SFB) und bei Radio Energy beworben. Radio Energy hat sich gleich drei Tage später gemeldet, tags drauf habe ich angefangen, dort zu arbeiten. Der SFB ließ nach drei Monaten von sich hören und bot mir in einem netten Brief ein Volontariat für irgendwann an.

Und von da an ging es für Sie steil bergauf?
Sagen wir so: Ich hatte Glück und durfte mich in vielem ausprobieren. Bei Radio Energy war ich bald in der Moderation. Und bei meinem Wechsel zu RTL nach Luxemburg war ich plötzlich für die On Air Promotion zuständig.

Was machen die Privaten anders als die Öffentlich-Rechtlichen?
RTL war der erste Sender, der Radio nicht nur journalistisch gesehen, sondern das Programm nach Marktkriterien gestaltet hat. Eine komplett neue Herangehensweise in Deutschland zu der Zeit. Bei RTL Radio habe ich gelernt, wie man Hörerradio macht. Wie man Marktforschung nutzt und Marketing-Regeln wie das AIDA-Prinzip zur Programmgestaltung einsetzt: attention, interest, desire und action. Danach fingen alle Sender an, ihre Strategie umzustellen.

Nach 13 Jahren Radio ffn nun Antenne Bayern. Was hat Sie wechseln lassen?
Um das Bild von vorhin aufzugreifen: Ich wollte mein Herz noch einmal über ein Hindernis werfen. Als Antenne Bayern anklopfte, schlug mein Herz schneller. Antenne Bayern ist ein Sender von beeindruckender Größe mit beeindruckenden Möglichkeiten – aber auch mit beeindruckendem Anspruch.

Was ist Ihre Aufgabe bei Antenne Bayern?
Mein Hauptaugenmerk liegt auf der Programmarbeit. Die Herausforderung, vor der wir außerdem stehen: Wie transformiere ich einen Radiosender in die heutige Zeit? Wie digitalisiere ich Content? Wie vernetze ich den Sender? Die Konkurrenz schläft nicht: Der BR hat an Know-how gewonnen, lokale Anbieter haben sich professionalisiert.

Wofür steht Antenne Bayern?
Antenne Bayern hat ein großes Herz für Bayern. Unsere Hörer vertrauen uns. Durch unser dichtes Korrespondentennetzwerk sind wir stark in der Region. Unsere Zielgruppe ist die junge Familie im eher ländlichen Gebiet. Antenne Bayern vermittelt genau das bayerische Lebensgefühl, das irgendwo zwischen Tradition und dem Weg in eine moderne Welt liegt, oder – um Roman Herzog zu zitieren – zwischen Lederhose und Laptop.

In der Küche der Olympiaalm sind die Vorbereitungen für das Mittagessen in vollem Gange. Da wird Fleisch geklopft, Salat gewaschen, Obazda lautstark in der Metallschüssel angerührt. Aus der Essensausgabe ruft es: „Die Fleischpflanzerl!" Ina Tenz bleibt bei Cappuccino und Mineralwasser.

Stirbt das Radio?
Als MTV an den Start ging, spielten sie den Song „Video killed the radio star". Und wo ist MTV jetzt? Ich sage: „Radio killed the video star". Man hat dem Radio immer vorgeworfen, ein Nebenbei-Medium zu sein. Und jetzt zeigt sich: Genau das ist unsere Stärke. Radio kann man beim Autofahren hören, bei der Arbeit, selbst beim Lesen. Radio erreicht auch nach wie vor die Jungen. Die Bravo-Studie zur Mediennutzung sagt, dass zwei Drittel der Jugendlichen Radio hören.

Fürchten Sie die Konkurrenz der Streaming-Dienste?
Ich gebe zu, dass wir uns anfangs auch gefragt haben: Machen jetzt alle Radio? Sind Streaming-Dienste eine Bedrohung für uns? Heute sage ich: YouTube, Spotify und Deezer sind keine Konkurrenz für uns, aber eine Herausforderung und Mahnung, gutes Programm zu machen. Streaming-Dienste ersetzen das CD-Regal oder die Schallplatten-Sammlung, Radio ersetzen sie nicht. Radio ist viel mehr als eine ▶

»Ich habe München immer geliebt. Man kann Bayern nicht nicht lieben«

»Radio killed the video star«

Heike Reuther und Ina Tenz beim Gespräch auf der Olympiaalm. Hund Bizkit sitzt unter dem Tisch

gut kuratierte Playlist. Radio bietet seinen Hörern relevante Informationen. Radio redet zu und mit den Menschen.

Antenne Bayern hat eigene Streams im Angebot. Warum?
Weil wir die Digitalisierung als Chance begreifen, den Hörer auf verschiedenen Wegen zu erreichen. Unser erfolgreichster Stream ist ein Oldieformat mit tagesaktuellen Inhalten – darin unterscheiden wir uns zum Beispiel von herkömmlichen Streaming-Diensten, bei denen nur Musik abrufbar ist. Seitdem wir den Stream moderieren lassen, sind die Zugriffszahlen nach oben geschossen.

Welche Erfahrung hat Antenne Bayern mit Podcasts?
Podcasts sind für eine zunächst kleine Zielgruppe gemacht, um von dort aus stetig zu wachsen. Wir teasern unsere Podcasts im Radio an und erweitern damit das Angebot, ohne dass uns Hörer beim Hauptprogramm verloren gehen. Dazu kommt, dass wir mit Podcasts andere Freiheiten haben, an Themen heranzugehen.

Zum Beispiel?
Die Kernkompetenz des Radios ist, Geschichten zu erzählen. Podcasts führen uns also quasi back to the roots. „Dunkle Heimat“, eine True-Crime-Serie zu einem bis heute ungelösten Mord auf einem Einödhof um die Jahrhundertwende, war eine Idee aus unserer Digitalabteilung. Und sehr erfolgreich. „The Break“ macht unser Chefredakteur Ralf Zinnow und bietet von Montag bis Freitag ein 15-minütiges News-Update. In „Ungeschminkt – Der Mädelsabend“ wird ganz authentisch über Beziehungen gesprochen. Eine Volontärin hat das Projekt übernommen.

Was machen Sie in Sachen App?
Wir optimieren unsere App regelmäßig. Bei einem der letzten Updates haben wir eine Kooperation mit Bosch gestartet. Normalerweise braucht es sieben Minuten, bis eine Geisterfahrer-Warnung on air geht. Mit der Verkehrsmelder-App erfahren unsere Hörer in Echtzeit, wenn im Umkreis von zehn Kilometern jemand falsch auf die Autobahn fährt. Auch der Geisterfahrer, sofern er die App installiert und geöffnet hat, bekommt die Warnmeldung, dass er falsch fährt. Das kann Menschenleben retten.

Sind Alexa und Co Segen oder Fluch?
Für die Nutzung unserer Programme definitiv eine Chance. Wir nutzen den Alexa Skill auch für personalisierte Gute-Nacht-Geschichten. „Affenbeste Freunde“ wurde von unserer Stationvoice eingelesen. Bei Alexa kann man den Namen des Kindes angeben – und schon ist die Geschichte individualisiert.

Wie gehen Radio und YouTube zusammen?
Sehr gut. Ein Beispiel dafür ist der Video-Blog „Mein Kind, die anderen Mütter & ich“. Als ich zu Antenne Bayern kam, habe ich zuerst mit allen Mitarbeitern ein Kennenlerngespräch geführt, auch mit unserer Moderatorin Marion Schieder. Sie hatte an dem Tag ihre kleine Tochter Josepha dabei. Ihr Umgang mit dem Kind hatte so etwas herzerfrischend Authentisches. Und in Marions Oberpfälzer-Art liegt ein ganz besonderer Humor. An dem Tag ist daher die Idee entstanden, mit dem Videoblog über Kindererziehung zu starten. Der kommt sehr gut an: Er hat jetzt eine Gesamtreichweite von fast 20 Millionen.

Welche Vision haben Sie?
Inhaltlich soll unser Programm auf jeden Fall für Professionalität, Kreativität und Mut stehen. Antenne Bayern soll Deutschlands führender Audio-Entertainment-Sender sein. ■

ANTENNE BAYERN

ging 1988 als regionale Radiostation für Bayern an den Start und ist heute der meistgehörte private Sender des Landes. Die Unternehmensgruppe vereint fünf Marken unter ihrem Namen: Antenne Bayern, Rock Antenne – der beste Rock nonstop, der nationale Audio-Vermarkter SpotCom, die Full-Service Kommunikations- und Eventagentur brandarena sowie die Stiftung Antenne Bayern. Diese hilft, jährlich rund 18.000 unverschuldet in Not geratene Menschen zu unterstützen. Die Programme erreichen täglich mehr als sechs Millionen Hörer – klassisch über UKW und DAB+ oder online über App und Smartspeaker

turi2.de/partner

Profi im Anflug: Prinzing arbeitet nur mit Piloten, die Close Formation fliegen können. Zur Sicherheit

Für Philipp Prinzing geht es beim „Klassiker der Luftfahrt“ und dem „Aerokurier“ hoch hinaus. Ein Unterwegs-Gespräch über riskante Fotografie in der Luft und Erfüllung im Beruf

» …dann bin ich tot. Alles gut«

Maria Gramsch (Text) und Holger Talinski (Fotos)

PHILIPP PRINZING

wird 1982 in Hildesheim geboren und startet als Redakteur und Partyfotograf bei einem Stadtmagazin in Hannover. Hier lernt er, seine Kamera auch unter widrigen Bedingungen zu beherrschen. Eine gute Grundlage für sein erstes Air-to-Air-Shooting im Jahr 2010 – seitdem arbeitet er für die Motor Presse Stuttgart und deren Luftfahrttitel. Anfangs frei, inzwischen als Geschäftsführender Redakteur für „Aerokurier“ und den „Klassiker der Luftfahrt“

turi2.tv

Den Unterwegs-Fragebogen beantwortet Philipp Prinzing unter: **turi2.de/edition/prinzing**

»Es gibt Super-8-Filme von mir, da bin ich zwei Jahre alt und habe schon ein Playmobil-Flugzeug in der Hand. Einen Doppeldecker«

Das Wetter macht am Morgen wenig Hoffnung: Dicke, graue Wolken hängen tief am Himmel. Immer wieder beobachte ich die dunklen Massen; frage Philipp Prinzing noch ein letztes Mal per E-Mail, ob unser Treffen heute stattfinden kann. Tatsächlich – je näher ich dem Flugplatz Bienenfarm bei Berlin komme, desto sommerlicher wird es. Zum Glück, denn bei schlechtem Wetter wird nicht geflogen.

Herr Prinzing, das Wetter ist ja wirklich auf unserer Seite. Am Morgen war ich noch ziemlich skeptisch. Sie sind bei Ihrer Arbeit sicher nicht nur vom Wetter abhängig.
Da spielen wirklich viele Faktoren zusammen. Ich muss ja immer mit zwei Maschinen in die Luft, und gerade bei den historischen Maschinen geht auch mal was kaputt. In Frankreich stand ich mal am Start, wir haben unsere letzten Checks gemacht. Dann hat die Zündung nicht richtig funktioniert. Da bin ich halt wieder nach Hause gefahren. In Europa ist das immer noch okay, weil man nicht so hohe Kosten hat. Wenn sowas zum Beispiel in Kalifornien passiert, muss man gut vernetzt sein, damit man sich schnell was anderes organisieren kann.

Wir schlendern über den Flugplatz, auf dem abseits der Landebahn die historischen Maschinen parken. Der Wind peitscht über die freie Fläche, die einem Stoppelfeld gleicht. Motorenknattern hängt in der Luft, heute ist Anreisetag beim Stearman & Friends Flying. Wir stoppen neben einer weißen Cessna, aus der Philipp Prinzing später in der Luft fotografieren wird. Vorher muss noch die Tür ausgebaut werden.

Das stell' ich mir ziemlich gefährlich vor!
Wenn ich bei offener Tür sitze und die erste Kurve kommt, muss ich mich erstmal wieder dran gewöhnen. Aber ich habe meine Angst da relativ gut abgelegt. Man ist die ganze Zeit angeknipst im Kopf. Ich gehe immer wieder durch, was passieren kann: Was mache ich, wenn wir zusammenstoßen – ich kann nichts machen, ich habe keinen Fallschirm, dann bin ich tot, alles gut. Es ist einfach so.

Wie bitte, kein Fallschirm?
Sicherheit geht immer vor und ich riskiere auch nichts. Ich bin mit einem Geschirr festgemacht, aber bei 500 Fuß bringt einem ein Fallschirm nichts. Das sind ja hier alles nur Low-and-Slow-Maschinen. Bei größeren Foto-Maschinen hat man aber immer einen Fallschirm dabei.

Sein Geschirr, mit dem er sich später in der Maschine festmachen wird, hat Prinzing seiner Frau Catharina zuliebe gekauft. Davor konnte es schon mal vorkommen, dass die Flugzeugtür einfach nur durch einen Spanngurt ersetzt wurde. Wenn seine Frau nicht mit auf dem Flugplatz ist, so wie heute, gibt Prinzing ihr vor jedem Flug Bescheid. Und er geht nur in die Luft, wenn sie auf seine Nachricht geantwortet hat.

Welche Risiko-Faktoren gibt es?
Wir fliegen immer Close Formation, deshalb fliege ich auch nur mit Piloten, die das wirklich können. Darauf kommt es ja für meine Bilder an. Ich fotografiere nur mit einem 70/200 oder einem 24/70 Objektiv. Ein größeres kann ich nicht nehmen, sonst komme ich bei ausgebauter Tür in den Fahrtwind und kann keine scharfen Fotos machen. Wenn ich den Flugzeug-Eigner nicht kenne, versuche ich immer, jemanden mit reinzusetzen, mit dem ich schon geflogen bin. Hier in Bienenfarm fliege ich immer mit dem gleichen Fotopiloten – wir haben inzwischen so viele Flüge zusammen gemacht, dass er genau weiß, was ich will. Außerdem gilt bei mir im Flugzeug immer Essential Crew – also nur der Pilot und ich. Selbst wenn wir mehr Platz hätten, ich nehme keinen weiter mit.

Im Hangar neben der Flugbahn treffen wir auf Schrammbo, der eigentlich Jörg heißt. Er ist einer dieser Piloten, „die es können“. Schrammbo war Ausbildungsleiter Tornado bei der Luftwaffe und „sieht so aus, wie er sich anhört“, scherzt Prinzing. Schrammbo wird später dafür sorgen, dass die fotografierte Maschine in der Luft genau dort bleibt, wo Philipp Prinzing sie haben möchte – sehr nah an der Maschine, in der er mit seinem Fotopiloten sitzt.

Das klingt, als hätten Sie schon mal schlechte Erfahrungen gemacht?
Mir ist schon passiert, dass Leuten schlecht wird. Oder die mich anfassen und auch mal gucken wollen. Ich habe auch schon den Fehler gemacht, dass ich jemanden mitgenommen habe, der selbst Fotos gemacht hat. Als ich am Abend nach Hause kam, hatte er alle seine Fotos bei Facebook hochgeladen. Und dann sind das am Ende auch noch scheiß Bilder und ich kann meine Geschichte in die Tonne treten. Die Community ist so klein; wenn vorher schon Hunderte Bilder auftauchen, kaufen sich die Leute mein Heft vielleicht nicht mehr.

Sie haben schon Frankreich und Amerika erwähnt. Wo hat Sie Ihr Beruf denn noch überall hinverschlagen?
Mein erstes Air-to-Air-Shooting habe ich 2010 auf der Airshow in Breitscheid gemacht, da habe ich zwei gelbe Stearmans fotografiert, die heute auch hier sind. Seitdem bin ich unter anderem Shootings in Amerika, England, Frankreich, Russland und Polen geflogen.

Sind alle Geschichten vor der Abreise geplant?
Nicht unbedingt. Ich schaue zwar vorher immer, welche Maschinen da sind. Aber ich war zum Beispiel auch mal in Oshkosh in Wisconsin und da stand ein ehemaliger deutscher Militärhubschrauber, eine Bo 105, mit kanadischer Zulassung. Ich habe mich dann mit dem Eigner auf Englisch unterhalten und mir die ganze Zeit gedacht, dass er seinem Englisch nach kein Muttersprachler sein kann. Und dann stellte sich heraus, dass er aus Stuttgart kommt und auf dem Flugplatz fliegen gelernt hat, auf dem ich ▶

„AEROKURIER“ UND „KLASSIKER DER LUFTFAHRT“

gehören zu den Flugzeug-Titeln der Motor Presse Stuttgart. Der „Aerokurier“ ist eine Fachzeitschrift von Piloten für Piloten, die seit 1957 monatlich erscheint und pro Ausgabe rund 15.000 Exemplare unter die Flugbegeisterten bringt. Etwa 80 Prozent der Leser haben eine gültige Fluglizenz. Den „Klassiker der Luftfahrt“ gibt es seit 1999 achtmal jährlich. Er verkauft etwa 13.500 Hefte pro Ausgabe und kümmert sich vor allem ums Thema Flugzeug-Oldies. Die Leser sind großteils Historiker oder historisch Interessierte

auch fliege. Da war das Eis gleich gebrochen. Am nächsten Morgen sind wir um fünf Uhr im ersten Licht mit dem Hubschrauber und dem Fotoflugzeug über die Sumpflandschaften geflogen – und ich habe eine riesige Story über ihn gemacht.

Die Airshow in Oshkosh ist das weltweit größte Fliegertreffen für Privatflugzeuge. Eine Woche lang können dort 600.000 Besucher bis zu 16.000 Flugzeuge bewundern.

Wie suchen Sie denn die richtige Shooting-Location, wenn Sie in einem fremden Land fotografieren?
Wenn ich noch im Büro bin, schaue ich bei Google Maps, wo unbebautes Gebiet ist: Wasser und Sumpflandschaften, Felder und Wälder. Ich muss mir mein Bild immer komponieren, damit Hintergrund und Licht stimmen. Man geht zum Beispiel nie mittags fliegen, sondern früh morgens oder spät abends, wenn das Licht flach ist, weil die Farben dann ganz anders wirken.

Was war die beste Aussicht, die Sie je bei einem Shooting hatten?
Man sieht leider nicht sehr viel, wenn man die ganze Zeit durch die Kamera schaut. Aber es ist schon beeindruckend, wenn man zum Beispiel in Oshkosh über den Flugplatz fliegt und neben der Landebahn zehntausend Flugzeuge stehen. Richtig toll war es auch einmal in Salzgitter auf meinem Heimatflugplatz. Da haben wir einen Early Bird gemacht und sind um sechs Uhr kurz nach Sonnenaufgang geflogen. Der Nebel zog vom Harz herunter in das Harzer Vorland. Der Himmel war knallrot und stand im Kontrast zum weißen Nebel – und dann fliegst du darüber und denkst dir, das kenne ich alles, das ist meine Heimat. Das ist einfach die absolute Erfüllung, wenn alles so passt.

Haben Sie denn ein Lieblingsflugzeug?
Inzwischen nicht mehr. Lange war es die Stearman, weil das einfach der Inbegriff des Doppeldecker-Flugzeugs ist. Jetzt schwankt das aber phasenweise. Lange war es die Grumman Albatros, da war ich letztes Jahr drei Tage in Texas in einem Museum, das gerade im Entstehen ist. Da sammelt ein Texaner Flugzeuge aus dem Zweiten Weltkrieg und der Nachkriegszeit. Der hat inzwischen 35 oder 40 Flugzeuge, darunter auch die Grumman Albatros. Ein Flugboot aus den späten 40er Jahren, das sowohl an Land als auch auf dem Wasser landen kann. Das war das erste Shooting, bei dem ich aus einem Hubschrauber fotografiert habe. Wir sind zu einem See geflogen, die Grumman hat gewassert, wir haben darüber mit dem Hubschrauber gehovert. Dann ist der Pilot unter uns durch vom Wasser aus gestartet, im letzten Licht mit tollster Sonne.

Klingt beeindruckend.
Es wird noch besser. Nach dem Shooting sind wir zum Flugplatz zurück und haben unsere Badesachen geholt. Wir sind dann nochmal auf einen See rausgeflogen, dort gelandet, haben die Motoren ausgemacht und sind schwimmen gegangen. Da hatte ich dieses Flugboot vor mir, wir sind auf die Tragflächen geklettert und in den See gesprungen. Genau für solche Momente mache ich diesen Job. Mit Menschen zu arbeiten, die so eine Leidenschaft haben, sie ausleben und mich daran teilhaben lassen – das ist genau das, was ich durch meine Arbeit weitertragen will. Das war der harmonischste und tollste Ausflug, da hat alles

gepasst. Am nächsten Abend sind wir dann mit dem Hubschrauber noch zum Restaurant geflogen und direkt daneben gelandet. Mit dem Texaner, dem das Flugzeug gehört, stehe ich heute noch in Kontakt. Durch den Job entwickeln sich tolle Freundschaften weltweit.

Um 18 Uhr versammeln sich alle Piloten vor dem Pilotenzelt. Philipp Prinzing gibt seine Anweisungen durch – kein Freestyle. Zuerst werden die Formationen geflogen, später die Maschinen einzeln fotografiert. Bei mehreren Maschinen dirigiert er die Piloten per Funk. Mit Abstufungen von fünf bis zehn platziert er die Flugzeuge so, dass am Ende alles auf seinem Bild stimmt.

Woher kommt eigentlich Ihre Begeisterung fürs Fliegen?
Es gibt Super-8-Filme von mir, auf denen bin ich zwei Jahre alt und habe schon ein kleines Playmobil-Flugzeug in der Hand. Einen Doppeldecker. Das ist zwar kitschig, aber der steht auch heute noch bei mir zu Hause im Regal. Die Fliegerei war einfach immer da. Ich habe schon immer Flugzeug-Bücher gelesen, irgendwann kam der Modellbau dazu. Obwohl ich mir da eher die Finger zusammengeklebt habe, als dass am Ende ein geiles Modell herauskam. Ich bin auch nie so der typische Teenie gewesen mit Popbands an der Wand, ich hatte eher Bilder von Steve McQueen von seiner Stearman. Pilot zu werden war für mich lange finanziell nicht möglich, weil nicht nur die Ausbildung extrem teuer ist, sondern auch das Fliegen an sich. Aber jetzt kann ich mich komplett ausleben. Selber fliegen, Flugzeuge fotografieren und Storys über Flugzeuge machen. ■

„Man geht nie mittags fliegen, sondern früh morgens oder spät abends“: Dann leuchten Sonne und Sonnenblumen in unvergleichlichem Licht

Angefangen hat alles mit dem Großvater, einem fernwehgeplagten Autofreak. Heute verlegt das Familienunternehmen MairDumont jeden zweiten Reiseführer, der in Deutschland gekauft wird. Und macht alles ganz anders als Opa

»Unser Thema ist nicht 14 Tage Urlaub. Es ist 351 Tage Vorfreude«

Von Tatjana Kerschbaumer (Text) und Björn Czieslik (Foto)

Zu Großvaters Zeiten war vielleicht nicht alles besser, aber manches einfacher. „Wenn wir Reiseführer machen wie früher, haben wir in ein paar Jahren keine Bedeutung mehr", sagt Stephanie Mair-Huydts, Geschäftsführerin von MairDumont. Die quirlige 55-Jährige, so weiß gekleidet wie eine Ärztin, blickt einen kurzen Moment lang auf den Riesen-Wälzer „Pioniere des Reisens", der fast die gesamte Verlagsgeschichte aufarbeitet. Ihr Großvater, Kurt Mair, 1902 in Österreich geboren und der Verlagsgründer, hatte es zumindest in dieser Hinsicht etwas leichter. Ihm machten weder Internet noch Apps Sorgen.

Stattdessen kämpfen Kurt Mair und seine Frau Hilde ab den frühen 20er Jahren eher mit Achsenbrüchen ihres Adler-Automobils oder Reifenpannen ihres Norton-Motorrads. Überall sind sie damit unterwegs: auf dem krisengebeutelten Balkan, im staubigen Nordafrika, am eisigen Polarkreis. Sein erstes Buch schreibt Kurt Mair allerdings über die „Hochstraßen der Alpen". Er räumt Steine von Straßen, die eher Geröllhalden gleichen, fotografiert, skizziert und vor allem: kartografiert. Denn die Alpen und ihre Wege sind damals – trotz ihrer Lage mitten in Europa – quasi Terra incognita. Karten: Mangelware. Und wenn Kurt Mair eines fuchsig macht, dann sind es fehlende, ungenaue oder verwirrende Karten. Sein Buch, das weit über den Zweiten Weltkrieg hinaus Standardwerk bleibt, dröselt selbst noch die kleinste Kurve im letzten Seitental auf.

Stichwort Zweiter Weltkrieg: Da ist es mit dem Reisen erst einmal vorbei. Kurt Mair zieht zwar 1935 mit seiner Familie nach Stuttgart, um dort als Geschäftsführer für den Schweizer Hallwag Verlag zu arbeiten, wird aber bald eingezogen. Der Tourismus liegt ohnehin in ganz Europa flach, unterwegs ist nur noch, wer wirklich muss und nicht anders kann. Erst 1948, Mair wird nach dem Krieg von einer Spruchkammer als „unbelastet" eingestuft, packt er etwas Neues an. Er gründet das Kartographische Institut Kurt Mair in Stuttgart – oder dem, was von der Stadt übrig ist. Die erste Zeit dient eine halb zerbombte Wohnung als Büro.

Mair stört das nicht. Vom ersten Geld nach der Währungsreform fährt er mit dem Zug nach Hamburg und spricht bei der Deutschen Shell AG vor – deren Autofahrer-Karten, ▸

turi2.tv

Den Unterwegs-Fragebogen beantwortet Stephanie Mair-Huydts unter turi2.de/edition/mairhuydts

STEPHANIE MAIR-HUYDTS

wird 1963 geboren, studiert Betriebswirtschaftslehre und promoviert 1989 in St. Gallen in der Schweiz. Im selben Jahr beginnt sie ihre Karriere im Familienbetrieb, ab 1990 leitet sie den internationalen Verkauf. Seit 1996 ist sie Verlegerin aller Reiseführer-Serien bei MairDumont, seit 2010 Sprecherin der Geschäftsführung. Privat reist sie mit Vorliebe in die Bretagne

FRANK MAIR

wird 1968 geboren, studiert ebenso wie seine Schwester Betriebswirtschaftslehre und promoviert an der selben Universität. 1995 geht er zu Procter & Gamble nach England, danach arbeitet er für Holtzbrinck im Bereich Strategische Unternehmensentwicklung. Seit 1999 ist er Geschäftsführer von MairDumont und baut MairDumont Ventures auf

Reifenpanne: *Verlagsgründer Kurt Mair behebt in Afrika einen Schaden an seinem Auto*

Über Stock und Stein: *Auf ihren Fahrten durch die Alpen müssen Hilde und Kurt Mair sich ihre Wege oft selbst freiräumen*

»Vor 15 Jahren dachte jeder im Verlag, Print wird irgendwann verschwinden. Das ist nicht passiert«

STEPHANIE MAIR-HUYDTS

die sie an Tankstellen verkauft, sind damals so schlecht, dass sie als Butterbrotpapier benutzt werden. Aber das wichtigste Utensil für Autofahrer sind verlässliche, gute Karten. Und wer sollte die liefern, wenn nicht Shell? Shell schlägt zu, in Kooperation mit Mair wird der „Shell Autoatlas" künftig über Jahrzehnte in jedem Handschuhfach liegen.

Aber aller Anfang ist schwer. Die meisten Straßen in Deutschland gibt es nicht mehr oder sie sind schwer verwüstet, Brücken in Grund und Boden gebombt. Mair baut einen eigenen Erkundungsdienst auf, dessen Fahrer Hunderttausende Kilometer Wegstrecke überprüfen und kartieren; in Stuttgart arbeiten hundert Kartographen per Hand an der Neuvermessung und -dokumentation Deutschlands. Heute beschäftigt MairDumont gerade noch um die fünfzehn. 1950 erscheint schließlich die Erstausgabe des „Shell Atlas" für 8 Mark 50, 1954 die deutsche Generalkarte. Sie ist derart exakt, dass Ostblock-Spione große Mengen davon kaufen, um im Fall der Fälle mit ihrer Hilfe in Westdeutschland einzumarschieren.

So politisch brisant ist die Lage im Verlag heute nicht mehr. Stephanie Mair-Huydts und ihren Bruder Frank Mair treibt eher die ständige Weiterentwicklung ihrer Produkte um. Den „Shell Atlas" gibt es noch, klar, aber Navi und iPhone haben ihm doch den Rang abgelaufen. Die „Baedeker"-Reiseführer sind seit 1952 Teil des Verlags, seit 1997 gehören sie zu 100 Prozent MairDumont. Trotzdem muss auch ein Klassiker der Reiseindustrie weiterentwickelt werden. Und dann gibt es da ja noch Marco Polo, Lonely Planet, jede Menge anderer Bücher und Karten – und das Digital-Geschäft. Gar nicht so einfach, das alles samt Möglichkeiten und Risiken des Internets im Blick zu behalten. Seitdem Mair-Huydts vor über 20 Jahren als Verlegerin eingestiegen ist, war MairDumont noch nie in den roten Zahlen. Was nicht heißt, dass sie nicht trotzdem schlaflose Nächte kennt: „Sogar viele. Man weiß ja nie, ob die vielen Entscheidungen, die man treffen muss, die richtigen sind."

Während Stephanie Mair-Huydts vor allem Print im Auge hat, kümmert sich ihr Bruder Frank Mair mehr um das Digitale. Eine App, die die „Marco Polo"-Reiseführer ergänzt, ist zwar nett, aber MairDumont setzt seit zwei Jahren auch auf Venture-Beteiligungen. „Vor zehn Jahren sind die Leute ins Reisebüro gegangen, heute ist digital viel mehr möglich", sagt Frank Mair. Etwa 18 Internetseiten besucht ein Reisewilliger im Schnitt, um sich online über sein Traumziel und alles drumherum zu informieren. Da wäre es doch gut, wenn er auf einem mit MairDumont verbandelten Angebot landet.

Obwohl der Verlag gedruckt von Bali bis zum Ballermann aufgestellt ist, sollen die digitalen Beteiligungen nicht so sehr in die Breite gehen. „Bei booking.com kann ich alles buchen", sagt Frank Mair, „wir wollen nur Besonderes anbieten". Das heißt zum Beispiel, dass MairDumont in Startups wie zizoo oder Paul Camper investiert hat, über die sich tageweise Boote und Wohnmobile mieten lassen. Reisende begnügen sich schon lange nicht mehr mit simplen Karten und ein paar netten Restaurant-Tipps. Heute muss es für jeden das Außergewöhnliche, Berauschende, Extravagante sein – egal, wie es im Portemonnaie aussieht.

Luxus war Großvater Kurt Mair eher fremd. Der tuckert nach 1948 wieder mit dem Auto durch die Lande, quer durch die Sahara und die Türkei, geschlafen wird mit der Familie in zwei simplen Zelten. 1952 zieht der Verlag in die Stuttgarter Spittlerstraße, ein neuer Firmensitz, an dem der Gründer nur fünf Jahre arbeiten kann: 1957 stirbt Kurt Mair mit nur 55 Jahren auf einer Geschäftsreise. Sein 1931 geborener Sohn Volkmar muss ran, obwohl der noch gar nicht mit dem Studium fertig ist. Promoviert wird nachts, tagsüber wartet der Verlag, 1960 verdient das Unternehmen erstmals eine Million D-Mark. Das Reisen bleibt trotzdem nicht auf der Strecke: Auch Volkmar Mair erkundet Russland und die USA mit dem Auto.

Anfang der 70er Jahre geht der Platz aus, Verlag und Druckerei sollen endlich unter ein Dach. Die Entwürfe des Architekten gefallen Volkmar Mair nicht, also kauft er sich kurzerhand Wasserfarben und zeichnet selbst. Gebaut wird nach seinen Vorstellungen, nur die Straße, die zum Gebäude führt, ist erstmal namenlos. Man könnte sie nach Gründer Kurt Mair benennen, sicher, Goethe, Magellan und Columbus sind als Namenspaten aber auch im Gespräch. Endlich fällt jemandem die Lösung ein: „Marco Polo klingt doch gut." Gesagt, getan – MairDumont sitzt bis heute an der Marco-Polo-Straße 1 in Ostfildern. Dass es einmal gleichnamige Reiseführer geben wird, weiß damals noch niemand. Sie erscheinen erstmals in den 90ern. ▶

Die Hochstraßen der Alpen *festigen Kurt Mairs Ruf als Reisejournalist. Das detaillierte Buch beschreibt selbst abgelegenste Nebenstrecken*

Mit Sack und Pack: *Kurt Mair gibt seine Reisebegeisterung an die ganze Familie weiter. Die campt unterwegs in zwei Zelten*

KARL BAEDEKER

wird 1801 in Essen geboren und gründet seine gleichnamige Verlagsbuchhandlung 1827 in Koblenz. 1835 erscheint mit der „Rheinreise von Mainz bis Cöln – Handbuch für Schnellreisende“ der erste Baedeker-Reiseführer. Es folgen Ausgaben zu verschiedenen Zielen in Deutschland, Österreich, Italien und der Schweiz, die Reisende unabhängig von ortskundigen Fremdenführern und Lohnkutschern machen sollen. Spätestens Anfang des 20. Jahrhunderts gilt der Name Baedeker als Synonym für Reiseführer – und selbst Prominente verlassen sich auf ihn: Lawrence von Arabien ist mit dem „Baedeker Palestina und Syrien“ unterwegs, Schriftsteller Emile Zola erkundet mit der Rom-Ausgabe die ewige Stadt.

Mehrmals zieht der Verlag um: zuerst nach Leipzig, dann nach Malente in Schleswig-Holstein, später nach Freiburg. Anfang der 50er wird die Situation kompliziert: Neben dem klassischen Baedeker-Verlag in Freiburg gründet Kurt Mair gemeinsam mit Karl Baedeker – einem Nachfahren des Namensgebers – den Baedeker Autoführer Verlag in Stuttgart. Der konzentriert sich, der Name ist Programm, vor allem auf Autoreisen. 1979 erschießt sich Karl Baedeker, nur ein Jahr später kommt sein Sohn Florian bei einem Fallschirmsprung ums Leben. Erst 1987 werden beide Verlage wieder in Ostfildern unter einem Dach zusammengeführt. 1997 erwirbt Mairs Geographischer Verlag Baedeker schließlich zu 100 Prozent mit allen Namensrechten.

Grenzgeschäfte: *Als die Mauer fällt, verteilen Stephanie und ihr Bruder Frank fleißig Atlanten an DDR-Bürger, die endlich ausreisen dürfen*

MAIRDUMONT

wird 1948 in Stuttgart als Geografisches Institut Kurt Mair gegründet. Seit 1972 sitzt das Unternehmen in Ostfildern, 2004 übernimmt Mair den defizitären DuMont-Reiseverlag – daher der Doppelname. Das Unternehmen beschäftigt 380 Mitarbeiter, hat einen Umsatz von 105 Millionen Euro und beauftragt weltweit mehr als 10.500 freie Autoren. Zu seinen Marken gehören Marco Polo, Baedeker, die DuMont-Reiseführer und die deutsche Lizenz-Ausgabe des Lonely Planet. Das Ursprungs-Geschäft mit der Kartographie ist geschrumpft: Während früher 100 Kartographen per Hand arbeiteten, sitzen heute nur noch 16 am PC. Konkurrenten wie die Schweizer Unternehmen Hallwag und Kümmerly + Frei hat MairDumont gekauft. Als einziger deutscher Kartographie-Spezialist verkaufen die Schwaben rund fünf Millionen Karten jährlich. Stephanie Mair-Huydts hält 13 Prozent der Unternehmens-Anteile, DuMont zehn Prozent, der Rest ist auf die verzweigte Familie verteilt, die nur teils im Verlag arbeitet. Trotzdem soll MairDumont ein Familienunternehmen bleiben

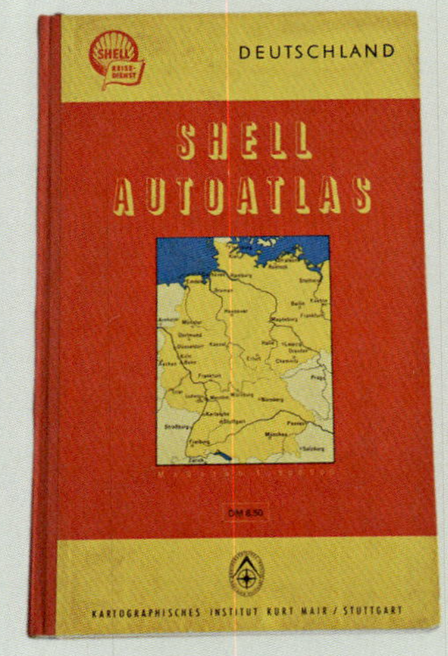

Der Shell Autoatlas ist ein Meilenstein in der Verlagsentwicklung: *Er erscheint erstmals 1950, kostet 8,50 Mark und liegt jahrzehntelang in jedem Handschuhfach*

Marco Polo, Baedeker, Dumont: Das sind die drei hauseigenen Schwerkaliber, dazu kommen beispielsweise die Lizenzausgaben des Lonely Planet, der eigentlich aus Australien stammt. Jährlich werden in Deutschland etwa 12 Millionen Reiseführer verkauft – die Hälfte davon kommen aus dem Hause MairDumont. Größter Mitbewerber ist Travel House Media mit einem Marktanteil von 20 Prozent – sie liefern unter anderem die ADAC- und die Michael-Müller-Reiseführer aus. Von Konkurrenz will Stephanie Mayr-Huydts trotzdem nicht unbedingt sprechen: „Unsere Konkurrenz sind nicht andere Verlage, sondern das Netz“. Aber da steuert ja zum Glück ihr Bruder gegen. Außerdem glaubt sie, eine Renaissance der Haptik zu erleben: „Vor 15 Jahren dachte jeder im Verlag, Print wird irgendwann verschwinden. Das ist nicht passiert. Bücher zur Reisevorbereitung werden wohl immer gebraucht.“

Weil sich die Welt samt Internet aber trotzdem sehr schnell dreht, müssen alle gedruckten Reiseführer auf dem neuesten Stand sein. Im Schnitt gibt es alle zwei Jahre eine Neuauflage, bei besonders populären Städten kann der Überarbeitungs-Turnus auch kürzer ausfallen. Besonders erfolgreiche Reiseführer – egal, welcher Marke – verkaufen sich jährlich zwischen 70.000 und 80.000 Mal. Der Renner bei den Deutschen sind: na klar, Mallorca – und, kleinere Überraschung: Berlin. Reisen im eigenen Land also. Stephanie Mair-Huydts hat aber auch Regionen im Blick, bei denen man nicht sofort an klassischen Urlaub denkt: „Albanien und Bulgarien sind im Kommen“, weiß sie, „Seychellen und ▶

Drei Reiseführer – drei Zielgruppen

Jedem Tierchen sein Pläsierchen: Weil allgemein gehaltene Reiseführer nicht mehr ziehen, hat MairDumont seine Marken mithilfe der Sinus-Milieus passgenau auf mögliche Käuferinnen zugeschnitten. Entwickelt wurden drei typische Leserinnen im Alter zwischen 30 und 50 Jahren. Jeder Reiseführer wurde spitzer und kontroverser positioniert, alle Redakteure und Autoren schreiben jetzt für Caro, Pia oder Susanne – teils aus Überzeugung, teils mit Bauchschmerzen

Susanne

schätzt in ihren Fünfzigern den handlichen „Baedeker" als Begleiter. Susanne ist zwar ein Familienmensch, aber nicht unglücklich, dass ihre zwei Kinder aus dem Haus sind – und sie sich etwas Gutes tun kann. Darauf legt sie auch im Urlaub Wert: Susanne ist extrem anspruchsvoll und sucht das Außergewöhnliche. Überraschungen mag sie zwar, aber bitte nur mit gebührendem Sicherheitsabstand. Ihre unkomplizierten Backpacker-Zeiten hat sie längst hinter sich – logisch, dass der „Baedeker" die reifere Dame siezt

Pia

aus dem Prenzlauer-Berg-Milieu wird mit dem „Dumont"-Reiseführer glücklich. Sie ist etwa 40, hat zwei Kinder, die noch zu Hause leben, einen Job und deshalb ziemlich viel Stress. Pia hat studiert oder zumindest einen akademischen Background und legt Wert darauf, als weltoffen zu gelten: Wenn sie reist, will sie nicht auf ausgetretenen Touri-Pfaden dahin trampeln, sondern regelrecht in fremde Kulturen eintauchen. Übernachtungsempfehlungen braucht sie nicht unbedingt: Pia bucht vorzugsweise über AirBnB

Caro

ist um die 30 Jahre alt, vor allem auf Spaß aus und liest „Marco Polo". Klar, dass Caro noch geduzt werden kann. Übermäßige Politik- und Kulturtipps wären an sie allerdings verschwendet – sie interessiert sich vor allem für Shopping und Party. Caro ist sehr netzaffin, sie checkt immer das beste Preis-Leistungsverhältnis und stellt sich ständig die Frage: „Was bringt mir das eigentlich?" Schnell, unkompliziert und digital muss es sein – da kommt ihr auch die Marco-Polo-App zum Downloaden gerade recht

Djerba" mit 3.000 verkauften Exemplaren eher ein Tropfen auf den heißen Stein. Wie viele reiseführerbedürftige Urlauber es wohin zieht, entscheidet meist die politische Situation, kombiniert mit Preisen, Wetter und Sicherheit.

Und dann gibt es da ja noch den sagenumwobenen Nahbereich. Viele Deutsche wollen gar nicht immer raus in die weite Welt, sondern etwas vor der eigenen Haustür unternehmen. Im Zweifelsfall noch nicht einmal das, sondern: gemütlich auf der Couch in den Abenteuern fremder Autoren schmökern. Stephanie Mayr-Huydts hat das natürlich längst bemerkt und ins ohnehin volle Verlagsprogramm gewuchtet: Unter dem Label Dumont erscheinen Bücher wie „40 Tage Georgien", Bildbände wie „Mein langer Weg durch China" – und sie ist sichtlich stolz, bayerischen Gästen „52 kleine & große Eskapaden in und um München" in die Hand drücken zu können. „Na klar beobachten wir den Markt. Zum Beispiel Titel, die aus der digitalen Ecke zum Print geworden sind, wie das Buch „Atlas Obscura". Der Plan dahinter: weiter wachsen. Mair-Huydts glaubt, dafür das Potential gefunden zu haben, das im Verlag so ziemlich jeder vor ihr übersehen hat: „Unser Thema ist nicht 14 Tage Urlaub. Es ist 351 Tage Vorfreude".

Spektakulären Zuwachs hat der Verlag vor allem noch einmal 2004 bekommen, als Mair den defizitären DuMont-Reiseverlag übernimmt – daher der heutige Doppelname des Unternehmens. Eingefädelt wurde der Deal stilecht am Starnberger See, große Summen flossen laut beiden Seiten nicht. Stattdessen gibt Mairs Geographischer Verlag zehn Prozent Anteile an Alfred Neven DuMont ab und nimmt dafür den Namen des einstigen Konkurrenten in den eigenen auf. Ein bisschen Anpassung, ein paar Zugeständnisse schaden nicht – weder im Geschäft noch auf Reisen. Das weiß schon Kurt Mair 1930, als er in seiner „Hochstraße der Alpen" schreibt: „Den Sitten und Gebräuchen des anderen Volkes wird man sich fügen und anpassen müssen, wenngleich es von wenig Charakter zeugen würde, dieselben sich selbst zu eigen zu machen." Mit diesem Spagat, gemacht von seinem Sohn Volkmar, weiter gegrätscht von den beiden Enkeln Stephanie und Frank: Mit diesem Spagat wäre Kurt Mair wohl recht zufrieden. ■

Der Meerwert des Reisens

Wenn es uns packt, müssen wir reisen – und trotzdem irgendwann wieder zurück. Tatjana Kerschbaumer übers Wegfahren und Wiederkommen

Nah und fern, Hauptsache unterwegs: Tatjana mit Pizza in Rom, an der Küste von Kamerun, auf der Piazza de Ferrari in Genua

Reisen ist Blutlecken. Seit ich es zum ersten Mal getan habe, bin ich ewig hungrig. Hungrig nach dem Geruch des Fremden und ein bisschen Verbotenen, dem Geschmack nach Salz; nach satten Farben und ihrem leisen Rauschen.

Unterwegs zu sein, auf Reisen zu sein, hat viel mit dieser hungrigen Unruhe zu tun, die sich bei mir eingenistet hat, als ich immerhin schon 18 war. Spät ist es passiert; in Frankreich, Paris und Nizza. Ich erinnere mich genau, wie der Gare du Nord roch, wuselte und dampfte, als ich aus dem Zug stieg. Und wie ich später, an der Küste, das strahlend blaue Mittelmeer eine geschlagene Stunde ungläubig nach seinem Ende absuchte.

Natürlich habe ich das Ende nicht gefunden.

Stattdessen habe ich mich infiziert, angesteckt, bin auf den Geschmack gekommen. Ich war wie ein Vampir-Frischling, der das erste Mal Blut leckt, feststellt, wie berauschend es ist – und es dann gierig aufsaugt. Mein erstes Blut schmeckte nach Croissants, Sonnenmilch, Weißwein und Tango unter Palmen. Ich habe alles davon restlos aufgesaugt.

»Ich bin ewig hungrig – nach dem Geruch des Fremden und dem Geschmack nach Salz«

Umso schlimmer war der Tag, an dem der unwiderrufliche Flug nach Hause anstand. Meinem 18-jährigen Ich grauste davor, Strand und Baguette gegen heimisches Freibad und Fleischpflanzerl zu tauschen. Ich hatte zwar kein Geld mehr, aber genügend Fantasie, um schon an Bord von Air France über die nächsten Reiseziele nachzudenken. Zur Not auch mit Banküberfall.

Und dann: Überraschung. Es war schön. Es war schön, nach Hause zu kommen; Garten, Großmutter und Mutter so vorzufinden, wie man sie zurückgelassen hatte; auf dem Balkon zu sitzen und Berge statt Eiffelturm und Promenade des Anglais zu sehen. In seinem eigenen Bett zu schlafen. Der Hunger war nicht verschwunden, aber gedämpft. Er rollte sich ein wie ein Murmeltier im Winterschlaf, das viele Monate von seinen Reserven zehren kann. Ich hatte Blut geleckt – und mich satt gesaugt. Vorerst.

Heute, zehn Jahre später, weiß ich zwei Dinge: Der Hunger aufs Unterwegssein kommt immer wieder. Er treibt mich an die unmöglichsten Orte: seien es die Sardinenstrände der Adria oder der westafrikanische Regenwald. Aber es ist auch der Hunger, der mich wieder nach Hause bringt, wenn ich satt bin. Und mich schätzen lässt, was ich dort habe: Ordnung zum Beispiel, die nur ich selbst verstehe. Meine alte Couch: durchgesessen, aber gemütlich. Meine Bücher, meine schrullige Nachbarin im Erdgeschoss, meinen funktionierenden Kühlschrank. Nach Hause zu kommen – und dort zu bleiben, bis sich der Hunger wieder bemerkbar macht – hat etwas Beruhigendes. Etwas Befreiendes. Genauso, wie unterwegs zu sein. ■

Die „turi2 edition“ wurde gedruckt auf

Heidelberg Speedmaster XL 106 8-Farben-Maschine
(Inhalt und Umschlag)

Papier Inhalt: Sappi Magno volume 135 g/qm 1,08 vol.
Papier Umschlag: Sappi Algro Design® Duo 300 g/qm 1,25 vol.

Der Umschlag wurde 1-seitig veredelt
mit einer Spezial Mattfolien-Cellophanierung, kratzfest

Aufbindung zu 16-seitigen Falzlagen, fadengeheftet
auf einer Aster Pro

Das Einhängen der Buchblocks mit gefälzeltem
Buchrücken erfolgte auf einem Kolbus KM 600 Klebebinder,
eingehängt wurden die Seiten als Klappenbroschur
mit freihängendem Broschurrücken

#7_Schlussbesprechung_Turi2_Team

Tatjana, Uwe, Lea-Maria, Johannes, Du

Peter

Schlussbesprechung! Ich würde zur #7 sagen: richtige Destination, gute Reiseflughöhe, am Ende Punktlandung. Dass wir die Reisekasse geplündert haben...ok, ist eben so. 😉

Johannes

Aber das hat sich doch gelohnt! Die Fotostrecken sind super.

Tatjana

Wir sollten die Leute auch in Zukunft aus den Büros rausholen. Gibt ganz andere Einsichten.

Uwe

Apropos Einsichten: Was haltet ihr hiervon?

Lea-Maria

🤔

Peter

Lasst uns lieber nach vorn gucken. Die #8 heißt „Erfolg. Was Medien- und Markenmacher bewegt“

Tatjana

😴

Uwe

Warum nicht Fußball? Ich kenn da einen Masseur bei Eintracht Braunschweig, der uns ..

Peter

Stopp! Erfolg zieht tota - die Anzeigenkunden rennen uns die Bude ein. Alle wollen da rein.

Johannes

Mega! Endlich mal Bling-Bling und Goldkettchen vor der Linse!

Lea-Maria

Oh ja! ✨🥇🥈🥉🏆🚀💎👀 Was haltet ihr davon, mal wieder eine Sonderfarbe zu nehmen?

Uwe

Peter will den Titel ja wie in der #5 individualisieren. Nochmal Fotos fände ich aber langweilig. Wie wäre sowas hier?

Tatjana

...wieso bin eigentlich immer ich das Versuchskaninchen?!

Peter

Oha. Nicht schlecht. Ohne Fotos könnten wir sogar allen 11.000 Abonnenten ein individuelles Exemplar schicken.

Tatjana

Und wie wär's mit einem Wendecover? Von hinten alles zum Thema Misserfolg?

Lea-Maria

Ich bin ja nicht so ein Fan von Wendecovern...

Johannes

👍

Uwe

Misserfolg? Was ist das?

1949

picture alliance/ dpa/ Gerd Herold

picture alliance/ dpa/ Gerhard Rauchwetter

picture alliance/ dpa/ Dieter Klar

Am 23. Mai 2019 wird die Bundesrepublik Deutschland 70 Jahre alt. Erzählen Sie auch die Geschichte Ihres Unternehmens im Jubiläumsjahr mit unseren außergewöhnlichen Bildern – 365 Tage, 365 Möglichkeiten mit Ihren Followern, Lesern und Kunden in Kontakt zu treten. Entdecken Sie die einzigartigen Schätze in unserem digitalen Archiv.

picture alliance/ dpa/ Rüdiger Schrader

picture alliance/ dpa/ Wolfgang Kumm

picture alliance/ dpa/ Michael Kappeler

2019

www.picture-alliance.com

+49 69 2716 34770 sales@picture-alliance.com

Lob des Liegenbleibens

Alle Welt preist die Mobilität als Quelle des Glücks. Unser Autor Tillmann Prüfer, im Hauptberuf Style Director beim „Zeit Magazin“, widerspricht entschieden

Ich schreibe diesen Text im Bett. Vielleicht sollte ich mich dafür in ein Café setzen oder auf eine Parkbank. Das sieht man ja heute in jeder Fernsehwerbung: Junge, sehr moderne Menschen, die sich zum Arbeiten in den Park begeben, die überhaupt alles erledigen, während sie unterwegs sind. Ein Blick auf Instagram genügt, um zu verstehen, worauf es heute ankommt. Da zelebrieren Leute, wie sehr sie in Bewegung sind: gestern noch Yoga auf Bali, heute schon Matcha Latte in Brooklyn. Bei mir dagegen: gerade noch im Bett, in einer Stunde vielleicht auf dem Balkon. Ich bin eher der stationäre Typ.

Eine Bekannte verriet mir neulich, sie habe 90 Flüge im Jahr. Sie sagte das nicht mit Bedauern. 90 Flüge! Bedeutet: 90 Mal Klamotten in einen Trolley stopfen, 90 Mal in ein Taxi steigen, 90 Mal zwischen Absperrbändern darauf warten, seine Kosmetik auf ein Förderband legen zu dürfen und eventuell von Sicherheitsleuten abgetastet zu werden. 90 Mal in einer Abflughalle verharren, bis man ins Flugzeug gerufen wird. Sich 90 Mal im Mittelgang einer Flugzeugkabine durch Personen quetschen, die versuchen, ihre übergroßen Taschen ins Gepäckfach zu stopfen. 90 Mal dicht neben fremden Menschen sitzen, die kurz nach dem Start einnicken und mit offenen Mündern schlafen, während sich Speichelfäden von ihren Lippen abseilen.

Schließlich kommt man 90 Mal an einem Flughafen an, der fast genauso aussieht wie der, von dem man gestartet ist. Man setzt sich in ein Taxi, dass 90 Mal durch eine typische Flughafengegend mit Parkplätzen und Autobahnauffahrten kurvt. Und wenn man dann schließlich irgendwo angekommen und gerade dabei ist, den Ort ein kleines bisschen kennen zu lernen und zu bemerken, was hier eigentlich anders und besonders ist, dann ruft der nächste Flug, die nächste Taxifahrt, die nächste Wartehalle, der nächste Speichelfaden.

Wozu war das ganze Unterwegssein eigentlich noch einmal gut? Ach ja, es sorgt angeblich für Weltoffenheit und Völkerverständigung. Vielleicht stimmt das aber gar nicht. Ich finde, die Verdopplungsrate des Flugaufkommens in Deutschland verläuft ziemlich kongruent zur Verdopplungsrate der AfD-Wähler.

»Ich bleibe zu Hause. Ich bleibe im Bett. Ich finde, es ist schon anspruchsvoll genug, zu Hause zu bleiben«

Ich bin kein Reisefeind, wirklich nicht. Berlin etwa ist eine traumhafte Stadt, wenn alle Bewohner ihr Sommerglück an fernen Stränden suchen. Dann ist endlich Platz im Freibad.

Der Grund, warum ich gerne zu Hause bleibe, ist simpel. Reisen überfordert mich gewissermaßen. Ich finde, es ist schon anspruchsvoll genug, zu Hause zu bleiben. Das Glück findet man ja nicht in einem Buchungspaket bei Airbnb. Man findet es in vielen kleinen Puzzleteilen. Und die zusammen zu suchen, dauert lange. In meinem Fall hat es Jahre gedauert, bis ich in meinem Stadtteil einen Bio-Gemüseladen gefunden hatte, in dem es genauso riecht wie im Reformhaus, in dem ich in meiner Kindheit schrumpelige Äpfel kaufen musste. Noch schwieriger war die Suche nach einem guten Bäcker. Ich fand einen, wo man zwar behandelt wird, als sei man das Letzte. Aber die Brötchen sind super. Bis ich alle Facetten eines guten Lebens zusammenhabe, wird es noch dauern. Und dann brauche ich ja noch Zeit, um das Leben zu genießen.

Es kann schon sein, dass alle anderen darin besser sind als ich. Kann sein, dass sie im Handumdrehen mit ihren Weltentdecker-Apps herausfinden, wo es woanders die beste Pasta gibt. Das sind dann allerdings die Orte, wo alle hinrennen, denn alle wollen gern das Beste haben. Es wäre ja auch unerhört, wenn man irgendwo war und es war einfach mal okay. Ein gehöriger Stress geht davon aus, nichts auf der Welt zu verpassen.

Aber wozu? Ich meine: Es ist ja nicht interessant, was das Beste nach im Internet verteilten Beurteilungs-Sternchen ist. Sondern was ganz allein für einen selbst das Beste ist. Und der Ort, der ganz allein für mich – und nur für mich – der beste ist, ist meine Wohnung.

Wenn ich fremde Wohnungen sehe, die mich beeindrucken, sind das Orte, denen man ansieht, dass dort jemand wirklich lebt. Dass sich das Leben eines Menschen in einen Raum hineingesogen hat. Eine der beeindruckendsten Wohnungen, die ich je gesehen habe, ist im Haus des Schriftstellers Karl May in Radebeul. Es ist heute ein Museum. Im Arbeitszimmer hatte der Phantast Kleinode aus allen Erdteilen gesammelt, die er nie bereist hatte. Ein Kabinett seiner Phantasie. Er war allerdings auch manchmal selbst unterwegs. Eine seiner größten Enttäuschungen war eine Reise in den Orient, die er in seinen späten Jahren unternahm. Die Welt, die sich ihm dort eröffnete, war viel gewöhnlicher und weniger zauberhaft als der Orient, den er sich ausgemalt hatte. An die Orte in den Vereinigten Staaten zu reisen, an denen die Geschichten von Winnetou spielen, unterließ er dann tunlichst. So viel Banalität hätte er nicht ertragen. Ich halte Karl May für einen weisen Mann. Ich bleibe zu Hause. Ich bleib' im Bett... ■

Foto: Holger Talinski

Adobe
Sie wollen den besten Content produzieren – wir liefern Ihnen einzigartige Stockmedien aus der größten Kreativ-Community der Welt. Vielfältig, hochwertig, inspirierend, relevant.
stock.adobe.com
© 2018 Adobe Systems Incorporated. Alle Rechte vorbehalten. Adobe und das Adobe Logo sind eingetragene Marken von Adobe Systems Incorporated in den USA und/oder anderen Ländern.
St Adobe Stock
Adobe Stock. Ändert alles.